백 발 백 중

직업상담사
2급 실무

백 발 백 중

직업
상담사

2급
실무

신동천 지음

Σ 시그마프레스

백발백중, 직업상담사 2급 실무

발행일 2016년 8월 19일 1쇄 발행

지은이 신동천
발행인 강학경
발행처 ㈜시그마프레스
디자인 우주연
편집 이호선

등록번호 제10−2642호
주소 서울특별시 영등포구 양평로 22길 21 선유도코오롱디지털타워 A401~403호
전자우편 sigma@spress.co.kr
홈페이지 http://www.sigmapress.co.kr
전화 (02)323−4845, (02)2062−5184~8
팩스 (02)323−4197

ISBN 978−89−6866−792−3

이 도서의 국립중앙도서관 출판시도서목록(CIP)은 서지정보유통지원시스템 홈페이지
(http://seoji.nl.go.kr)와 국가자료공동목록시스템(http://www.nl.go.kr/kolisnet)에서 이용
하실 수 있습니다.(CIP제어번호 : CIP2016018938)

백발백중, 직업상담사 2급 실무는 다음과 같은 방법으로 공부할 때 최대의 효과를 볼 수 있습니다.

첫째, 직업상담사 2급 실무 시험의 특성상 암기를 해야 하는 경우가 많습니다. 이 책은 수험생들이 쉽고 빠르게 암기할 수 있도록 이론의 개연성을 바탕으로 요약·정리를 제공하고 있습니다. 수험생들은 공부를 할 때, 요약·정리를 바탕으로 큰 흐름을 잡는다면 이론을 쉽게 이해할 수 있습니다.

둘째, 요약·정리의 내용을 보충하고자 **이론 스토리**를 추가적으로 제공하고 있습니다. 이론 스토리에서는 수험생들이 요약·정리의 내용을 보다 쉽고 구체적으로 이해할 수 있도록 세부적인 내용을 넣었습니다. 요약·정리를 통해 이해하기 어려운 부분이 있다면 요약·정리와 이론 스토리를 함께 보면서 공부하는 게 좋습니다.

셋째, 이론별 기출문제를 빠짐없이 제공함으로써 어렵고 난해한 문제를 한눈에 파악할 수 있도록 구성하였습니다. 직업상담사 시험 문제는 같은 내용을 다양하게 구성하여 출제를 하므로 수험생들이 문제를 파악하는 것이 매우 어렵습니다. 이 책은 달라 보이지만 동일한 내용을 묻는 문제들을 모아 수험생들이 문제의 의도를 한눈에 파악할 수 있도록 구성했습니다.

문제 예시

01 윌리엄슨의 특성–요인 직업상담에서 직업 의사 결정과 관련하여 나타나는 여러 문제들에 대한 변별 진단과 결과를 분류하는 4가지 범주를 쓰고 각각에 대해 설명하시오.

[150120] ← 예) 15년 1회차 20번 문제

[140305] ← 예) 14년 3회차 5번 문제

☞ **모범답안**

① 무선택 : 진로를 선택한 적이 없거나 무엇을 원하는지를 모르는 유형

② 불확실한 선택 : 직업을 선택했지만, 선택에 대한 확신이 없는 유형

③ 흥미와 적성의 불일치 : 흥미는 있지만 적성이 없거나, 적성은 있지만 흥미는 없는 유형

④ 현명치 못한 선택 : 입문할 기회가 적거나 실패할 확률이 높은 직업을 선택하는 유형

또한 출제 비중별로 문제를 정리함으로써 수험생들이 기출 빈도가 높은 문제부터 학습할 수 있도록 효율적으로 구성하였습니다.

- ★★★(꼭 알아야 할 문제) : 직업상담사 2급 시험문제를 풀기 위해서 반드시 암기하고 있어야 할 내용으로, 기출 빈도가 가장 높은 문항들로 구성
- ★★(짚고 넘어가야 할 문제) : 2~4회 정도 출제된 기출문제로 구성하였으며 꼭 알아야 할 문제와 함께 마스터해야 하는 문항이나 최근(2014~2015년) 기출 문항
- ★(여기까지 알면 나는 전문가) : 1회 출제된 문항으로, 위의 문항들보다는 중요도는 다소 떨어지나 교재에 나와 있는 내용을 담은 문항
- 가볍게 읽고 넘어가는 문제 : 직업상담사 2급 교재에서 다루고 있지 않은 내용을 담은 문항들을 묶어 놓았으며, 나올 확률이 적은 문항

직업상담학

I 직업상담학 이론 | 2

직업심리학

직업정보론

노동시장론

직업상담학

I 직업상담학 이론

1 구인구직 알선의 시초! 특성-요인 이론

이론 스토리

파슨스(Parsons)는 직업운동의 선구자로서, 노동자들이 '직업'을 통해서 자아를 실현시키기를 바랐다. 파슨스는 인간이 '직업'을 통해서 자아를 실현하기 위해서는 다음과 같은 조건이 충족되어야 한다고 했다.

① 개인에 대한 이해
　예 : 한 아이는 축구에 흥미가 있다. 하지만 체력적, 신체적 조건이 좋지는 않다. 그러나 이
　　　아이는 분석력과 언어능력이 우수하다.
② 직업에 대한 이해
　예 : 축구와 관련된 직업들을 알아가는 과정이다. 주로 직업정보(한국직업사전, 한국미래전
　　　망서)를 통해서 획득된다.
③ 과학적 추론을 통한 합리적인 매칭
　예 : 축구를 좋아하는 아이가 분석력과 언어능력이 좋다면, 신체적, 체력적인 영향을 많이
　　　받는 축구선수보다는 축구 해설가라는 직업을 선택할 때 합리적인 매칭이 될 것이다.

그 이후 미국 미네소타대학에서는 파슨스의 3요인 이론을 바탕으로 활발한 직업 연구가 진행되었다. 즉, 개인에 대한 이해를 위하여 다양한 심리검사들이 개발되기 시작했고 직업에 대한 이해를 돕기 위하여 1977년 직업사전이라는 것을 만들어 내게 되었다.

이렇게 개인과 직업에 대한 이해를 바탕으로 미네소타대학의 학자들은 사례를 연구해 나가기 시작하는데 이때, 달리(Darly)라는 학자는 자신의 사례를 바탕으로 구직자들의 특성을 개념화한 미네소타 관점을 만들어내게 되었다. 이 관점이 추후 특성-요인 이론의 가정이 된다. 그의 관점은 다음과 같다.

① 모든 인간은 독특한 특성을 지니고 있다.
② 인간은 '선'과 '악'을 동시에 지닌 존재이다.
③ '선'의 본질은 자아 실현이다.
④ '선'을 실현하기 위해서는 전문가가 필요하다.
⑤ '선'을 결정하는 것은 자기 자신이다.

달리는 상담을 할 때 상담자가 지켜야 할 상담 원칙을 만들어 내기도 하였는데, 그 내용은 다음과 같다.

① 내담자에게 강의하려 하거나 거만한 자세로 말하지 않는다.
② 어떤 정보나 해답을 제공하기 전에 내담자가 정말로 그것을 알고 싶어 하는지 확인한다.
③ 상담사는 자신이 내담자가 지니고 있는 여러 가지 태도를 제대로 파악하고 있는지 확인한다.

윌리엄슨(Williamson)이라는 학자는 특성-요인 이론의 대변자로서, 특성-요인에 기반한 6단계의 상담 단계(분석, 종합, 진단, 예측, 상담, 추수상담)를 만들었다. 상담을 진행하며 윌리엄슨은 검사를 통해 내담자를 4가지 유형으로 진단을 내렸다.

① 무선택 : 진로를 선택한 적이 없거나 무엇을 원하는지를 모르는 유형
② 불확실한 선택 : 직업을 선택했지만, 선택에 대한 확신이 없는 유형
③ 흥미와 적성의 불일치 : 흥미는 있지만 적성이 없거나, 적성은 있지만 흥미가 없는 직업을 선택하는 유형
④ 현명치 못한 선택 : 입문할 기회가 적거나 실패할 확률이 높은 직업을 선택하는 유형

윌리엄슨은 내담자와의 상담에서 설명과 설득, 직접 충고라는 상담 기법을 통해서 내담자가 현명한 의사 결정을 하도록 했다.

① 설명 : 검사 자료를 바탕으로 내담자가 이해할 수 있게 설명한다.
② 설득 : 합리적이고 논리적인 방법으로 내담자를 설득시킨다.
③ 직접 충고 : 내담자가 좌절과 실패를 가져 올 선택을 하는 경우 상담자는 직접 충고할 수 있다.

이러한 노력에도 불구하고 행복해지지 않았던 내담자들을 연구하기 위해서 데이비드(Dawis)와 롭퀴스트(Lofquist)는 개인의 욕구와 환경의 요구 사항과의 연관성이 행복에 영향을 미칠 수 있다는 가설로 시작하여 직업적응이론을 만들게 되었다.
데이비드와 롭퀴스트는 개인의 성격과 직업이 요구하는 성격 사이에서 적응의 문제가 발생할 수 있다고 보고, 그 차원을 크게 4가지로 구분하였다.

① 민첩성 : 정확성보다는 속도를 중시하는 성격
② 역량 : 작업자의 에너지 소비량
③ 리듬 : 활동에 대한 다양성
④ 지구력 : 개인이 환경에 적응하는 기간

또한, 개인의 요구와 환경의 요구 간의 조화가 깨지게 될 때, 개인은 적응의 문제가 발생하는데, 이때 데이비드와 롭퀴스트는 다음의 4가지의 요소를 지닌 사람이 그렇지 않은 사람보다 변화에 대한 적응을 잘한다고 하였다.

① 융통성 : 부조화를 참아내는 정도
② 끈기 : 부조화를 견뎌내는 기간
③ 적극성 : 부조화를 극복하기 위하여 노력하는 정도
④ 반응성 : 부조화에 반응하는 정도

데이비드와 롭퀴스트는 개인의 성격과 직업이 요구하는 성격의 부합 여부, 개인이 요구하는 것과 환경이 요구하는 것 사이의 부조화 정도를 측정하기 위해서 3가지의 검사를 만들어 내는데, 그 검사의 종류는 다음과 같다.

① MIQ(미네소타 중요성 질문지)
② MSQ(미네소타 만족 질문지)
③ MJDQ(미네소타 직무기술 질문지)

데이비드와 롭퀴스트는 검사를 제작할 때 편안함, 자율성, 안정성, 성취, 이타심, 지위의 6가지의 가치를 중요하게 생각하였다.

요약 · 정리

■ 파슨스의 3요인 이론

① 개인에 대한 이해
② 직업에 대한 이해
③ 과학적 추론을 통한 합리적 매칭

■ 특성–요인 이론의 가정(달리의 미네소타 관점)

① 모든 인간은 독특한 특성을 지니고 있다.
② 인간은 '선'과 '악'을 동시에 지닌 존재이다.
③ '선'의 본질은 자아 실현이다.
④ '선'을 실현하기 위해서는 전문가가 필요하다.

⑤ '선'을 결정하는 것은 자기 자신이다.

■ 특성–요인의 의미

① 특성 : 개인의 성격, 적성, 흥미, 가치관 등

② 요인 : 후천적으로 성공적인 직업 수행을 위해 요구되는 특징

■ 윌리엄슨의 상담 단계 및 진단

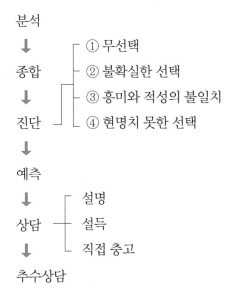

분석
↓
종합 ── ① 무선택
↓ ── ② 불확실한 선택
진단 ── ③ 흥미와 적성의 불일치
↓ ── ④ 현명치 못한 선택
예측
↓ ── 설명
상담 ── 설득
↓ ── 직접 충고
추수상담

■ 데이비드와 롭퀴스트의 직업적응이론

(1) 직업성격적 측면

① 민첩성 : 직업의 속도와 관련된 측면

② 역량 : 에너지 소비량과 관련된 차원

③ 리듬감 : 활동의 다양성과 관련된 측면

④ 지구력 : 개인이 환경에 적응하는 기간의 측면

(2) 적응 방식적 측면

① 융통성 : 부조화를 참아내는 정도

② 끈기 : 부조화를 견뎌내는 기간

③ 적극성 : 부조화를 극복하기 위하여 노력하는 정도

④ 반응성 : 부조화에 반응하는 정도

(3) 직업적응이론의 주요 검사

    ① MIQ

    ② MSQ

    ③ MJDQ

(4) 검사 제작 시 중요하게 여겼던 6가지 가치

    편안함, 자율성, 안정성, 성취, 이타심, 지위

| 기출문제 |

01 윌리엄슨의 특성-요인 직업상담에서 직업 의사 결정과 관련하여 나타나는 여러 문제들에 대한 변별 진단과 결과를 분류하는 4가지 범주를 쓰고 각각에 대해 설명하시오.

★★★ [150120, 140305, 100104, 090218]

☞ **모범답안**

① 무선택 : 진로를 선택한 적이 없거나 무엇을 원하는지를 모르는 유형

② 불확실한 선택 : 직업을 선택했지만, 선택에 대한 확신이 없는 유형

③ 흥미와 적성의 불일치 : 흥미는 있지만 적성이 없거나, 적성은 있지만 흥미는 없는 유형

④ 현명치 못한 선택 : 입문할 기회가 적거나 실패할 확률이 높은 직업을 선택하는 유형

02 특성-요인 상담에서 윌리엄슨이 제시한 검사의 해석 단계를 이용할 수 있는 상담 기법에 대해 기술하시오.

★★★ [150310, 120308, 100403, 080317, 030311]

☞ **모범답안**

① 설명 : 검사 자료를 바탕으로 내담자가 이해할 수 있게 설명한다.

② 설득 : 합리적이고 논리적인 방법으로 내담자를 설득시킨다.

③ 직접 충고 : 내담자가 좌절과 실패를 가져 올 선택을 하는 경우 상담자는 직접 충고할 수 있다.

03 내담자중심 직업상담과 특성−요인 직업상담의 차이점을 2가지 설명하시오.
★★ [140202, 100203, 0101105]

☞ **모범답안**

① 특성−요인 직업상담은 검사와 진단을 중요시하지만, 내담자중심 직업상담은 검사와 진단을 중요하게 생각하지 않는다.

② 내담자중심 직업상담은 라포 형성이 필수인 반면, 특성−요인 직업상담은 라포 형성이 필수 요소는 아니다.

04 Williamson의 특성−요인 이론의 기본 가정을 5가지 쓰시오.
★★ [130206, 100208, 080115]

☞ **모범답안**

① 모든 인간은 독특한 특성을 지니고 있다.

② 인간은 '선'과 '악'을 동시에 지닌 존재이다.

③ '선'의 본질은 자아 실현이다.

④ 인간이 '선'을 실현하기 위해서는 전문가의 도움이 필요하다.

⑤ '선'을 결정하는 것은 자기 자신이다.

05 Darley가 제시한 특성−요인 직업상담에서 상담자가 지켜야 할 상담원칙 3가지만 쓰시오.
[160103]

☞ **모범답안**

① 내담자에게 강의하려 하거나 거만한 자세로 말하지 않는다.

② 어떤 정보나 해답을 제공하기 전에 내담자가 정말로 그것을 알고 싶어 하는지 확인한다.

③ 상담사는 자신이 내담자가 지니고 있는 여러 가지 태도를 제대로 파악하고 있는지 확인한다.

06 Dawis와 Lofquist의 직업적응이론에 기초하여 개발한 직업 적응과 관련된 검사 도구 3가지를 쓰시오.
[160118, 100304]

☞ **모범답안**

① MIQ : 미네소타 중요성 질문지

② MSQ : 미네소타 만족 질문지

③ MJDQ : 미네소타 직무기술 질문지

07 파슨스의 직업상담 3요인설을 쓰시오.

★ [040111]

☞ 모범답안

① 개인에 대한 이해

② 직업에 대한 이해

③ 과학적 추론을 통한 합리적인 매칭

08 파슨스의 특성－요인 이론에서 특성과 요인에 관하여 서술하시오.

★ [030107]

☞ 모범답안

① 특성 : 검사를 통해 측정될 수 있는 개인의 적성, 흥미, 성격 등을 말한다.

② 요인 : 성공적인 직업 수행을 위해 요구되는 성실성, 책임감 등을 말한다.

09 직업적응이론(TWA)에서 중요하게 다루는 가치 6가지 쓰시오.

★ [130102]

☞ 모범답안

① 편안함

② 자율성

③ 안정성

④ 성취

⑤ 이타심

⑥ 지위

10 직업적응이론으로서 개인 환경과 상호작용하는 특성을 나타내는 4가지 성격 유형 요소들 중 3가지를 제시하고 설명하시오.

★ [100317]

☞ 모범답안

① 민첩성 : 정확성보다는 속도를 중시하는 성격을 말한다.

② 역량 : 작업자의 에너지 소비량을 의미한다.

③ 리듬 : 활동에 대한 다양성을 의미한다.

2 알 수 없는 에너지! 정신역동상담이론

이론 스토리

보딘(Bordin)이라는 학자는 정신분석학에 기반하여 특성 요인과 내담자중심 상담이론을 결합하여 정신역동적 상담이론을 만들었다. 보딘은 인간이 진로를 결정하는데 있어서 특성과 요인뿐만 아니라 기본적인 욕구가 중요한 영향을 끼친다고 생각하였다.

이러한 영향으로 보딘은 내담자가 진로 문제로 상담을 받으러 왔을 때 가장 먼저 내담자의 정신역동이 무엇인지를 탐색하고 계약을 설정하게 된다. 보딘은 "개인이 직업을 선택하기 어려워하는 것은 성격 발달의 변천과 연관시켜 볼 수 있으며, 직업을 선택하도록 도와줌으로써 완전한 발달이 되도록 영향을 줄 수 있다."라고 정신역동적 진로상담의 목표 설정에 대한 이론적 근거를 설명하였다. 그렇기 때문에 보딘은 두 번째 단계에서 자신의 기존 목표를 유지할 것인지(진로 선택 문제에 한정된 상담을 할 것인지), 아니면 더 넓은 목표로 확대시킬 것인지(성격 변화를 위한 상담을 할 것인지)에 대한 중대한 결정을 하게 된다고 말한다. 2단계의 목표는 내담자에게 개인적 발달과 진로 발달의 상호관계를 해결하는 과정에 좀 더 광범위하게 관여할 수 있는 선택권을 제공하는 것이다. 만약 내담자가 성격 변화라는 목표로 작업하기로 결정한다면, 이는 Crites(19881)의 명료화 과정이 된다. 어떤 선택을 하든지 2단계에서의 결정은 내담자의 인생을 좌우할 만큼 중요한 결정이다. 그러나 내담자들은 이러한 과정에서 결정을 내리지 못하게 되는데, 보딘은 이러한 내담자의 유형을 다음과 같이 총 5가지, 즉 의존성, 정보의 부족, 자아 갈등, 선택에 대한 불안, 확신의 결여로 나누었다.

① 의존성 : 진로의사 결정 시 남에게 의존함으로써 의사 결정을 놓치는 유형
② 정보의 결여 : 직업과 관련된 정보의 부족으로 의사 결정을 놓치는 유형
③ 자아 갈등 : 개인의 자아 개념과 심리적 기능 간의 갈등으로 의사 결정을 놓치는 유형
④ 선택에 대한 불안 : 자신이 바라는 직업과 중요한 타인이 바라는 직업이 달라 불안을 느껴 의사 결정을 놓치는 유형
⑤ 확신의 결여 : 올바른 선택을 해 놓고 확신이 부족하여 의사 결정을 놓치는 유형

그래서 이들이 현명한 의사 결정을 할 수 있도록 명료화와 비교, 소망-방어 체계에 관한 해석 등의 기법을 만들어 내게 된다. 마지막으로 어떤 한 개인이 중대한 결정의 단계에서 어떤 결정을 내리든 간에 내담자는 자신의 선택에서 부족한 부분을 보완하기 위한 노력을 할 필요가 있는데, 이 단계를 변화를 위한 노력의 단계라고 한다.

요약 · 정리

■ 정신역동적 상담의 직업상담 과정

① 탐색과 계약 체결
② 중대한 결정
③ 변화를 위한 노력

■ 정신역동적 상담의 진단

① 의존성
② 정보의 부족
③ 자아 갈등
④ 선택에 대한 불안
⑤ 확신의 결여

| 기출문제 |

01 보딘이 제시한 직업 문제의 심리적 원인에 따른 직업 선택의 문제 유형을 5가지 쓰시오.
★★★ [150317, 140315, 140112, 130306, 110101, 100217, 090215, 060109]

☞ **모범답안**

① 의존성 : 진로 의사 결정 시 남에게 의존함으로써 의사 결정을 놓치는 유형
② 정보의 결여 : 직업과 관련된 정보의 부족으로 의사 결정을 놓치는 유형
③ 자아 갈등 : 개인의 자아 개념과 심리적 기능 간의 갈등으로 의사 결정을 놓치는 유형
④ 선택에 대한 불안 : 자신이 바라는 직업과 중요한 타인이 바라는 직업이 달라 불안을 느껴 의사 결정을 놓치는 유형
⑤ 확신의 결여 : 올바른 선택을 해 놓고 확신이 부족하여 의사 결정을 놓치는 유형

02 정신역동적 직업상담 모형을 구체화시킨 보딘의 직업상담 과정을 쓰고 각각에 대해 설명하시오.
★★ [150313, 130201, 120117, 090110]

☞ **모범답안**

① 탐색과 계약 체결 : 내담자의 정신역동에 대한 탐색과 상담에 대한 계약 체결을 하는 단계
② 중대한 결정 : 내담자가 목표를 유지할 것인지, 더 넓은 목표를 확대시킬 것인지 결정하는 단계
③ 변화를 위한 노력 : 자신의 선택에 대하여 부족한 부분을 보완하기 위해 노력하는 단계

3 5가지 이론! 포괄적 상담이론

이론 스토리

포괄적 상담은 크라이티스(Crities)라는 학자가 특성－요인 이론과 인간중심 상담이론, 행동주의 상담이론, 발달이론, 정신역동적 상담이론의 장점만을 뽑아내고 단점은 배제시킨 채 실무 과정을 적용하여 만든 직업상담 이론이다. 특성요인의 영향을 받았기 때문에 포괄적 상담이론 역시 검사와 진단이라는 개념을 중요하게 생각하게 된다.

크라이티스는 진로상담 과정을 내담자와 상담자 간의 상호작용으로 본다. 내담자는 진로상담을 통해 자신의 문제를 내면화함으로써 문제해결에 이를 수 있게 되는데 그 과정은 다음과 같다.

① 진단 : 내담자의 검사자료와 정보를 수집하여 진단을 내리는 단계
② 명료화 : 내담자의 의사결정을 방해하는 문제를 분명히 하고 대안을 탐색하는 단계
③ 문제해결 : 문제해결을 위한 행동계획을 수립하는 단계

이때, 크라이티스는 내담자를 크게 3가지의 변인을 바탕으로, 총 7개의 유형으로 분류하게 된다.

적응성의 변인은 흥미와 적성의 일치 여부와 관련된 변인으로, 적응형과 부적응형으로 분류했다. 또한 내담자의 의사 결정 문제와 관련된 변인인 결정성의 변인을 바탕으로 내담자를 다재다능형과 우유부단형으로 분류했다. 마지막으로 흥미와 적성의 고려 부족에 기인한 변인인 현실성의 변인을 바탕으로 내담자를 강압형과 불충족형 및 비현실형의 3가지 유형으로 분류했다.

예를 들어 어떤 내담자가 상담실을 방문하게 될 경우 상담사는 흥미검사와 적성검사 및 진로성숙도 검사를 바탕으로 내담자의 정보를 수집한다. 농구선수가 되고자 하는 내담자의 적성을 보니 내담자의 운동신경능력과 신체적 능력이 부족하다고 나온다. 이때 상담사는 비현실형으로 내담자를 분류시킬 수 있을 것이다. 그 이후, 명료화 단계에서 내담자에게 농구선수가 되고자 하는 이유에 대해 답변을 얻게 되는데, 상담사는 이 과정에서 내담자가 농구선수가 되어야만 하는 이유를 확인할 수 있을 것이다. 내담자는 어린 시절 놀림을 받았다고 한다. 그때 마이클 조던이라는 농구선수를 보면서 힘을 얻었다고 한다. 내담자의 의사결정을 방해하는 문제가 발생이 된 경우, 상담사는 내담자에게 추가적인 질문을 통해 대안을 탐색하게 된다. 추가적인 질문을 통해 확인한 내담자의 정보가 '전략적 사고'와 '안목'이라고 한다면 상담사와 내담자는 농구와 관련된 분야의 또다른 대안(코치, 스카우터)을 탐색할 수 있을 것이다. 대안까지 나오면 내담자는 자신이 되고자 하는 직업목표를 설정하게 된다. 예를 들어, 이 내담자가 코치라는 직업을 선택한다면, 상담사와 내담자는 코치가 되기 위한 구체적인 행동계획을 수립하게 된다.

요약 · 정리

■ 포괄적 상담이론 직업상담 과정

① 진단 : 내담자의 검사자료와 정보를 수집하여 진단을 내리는 단계
② 명료화 : 내담자의 의사결정을 방해하는 문제를 분명히 하고 대안을 탐색하는 단계
③ 문제해결 : 문제해결을 위한 행동계획을 수립하는 단계

■ 포괄적 상담이론의 진단

① 적응성 : 흥미와 적성의 일치 여부를 통해 적응형과 부적응형으로 구분하였다.
② 결정성 : 내담자의 진로 결정 여부를 통해 다재다능형과 우유부단형으로 구분하였다.
③ 현실성 : 흥미와 적성의 고려 부족에 기인한 변인으로 비현실형과 강압형, 불충족형으로
구분하였다.

| 기출문제 |

01 크라이티스의 포괄적 직업상담의 상담 과정 3단계를 단계별로 설명하시오.
★★★ [140210, 110314, 080307, 050308]

☞ 모범답안
① 진단 : 내담자의 검사 자료와 정보를 수집하여 진단하는 단계
② 명료화 : 내담자의 의사 결정을 방해하는 문제를 분명히 하고 대안을 탐색하는 단계
③ 문제 해결 : 문제 해결을 위한 행동계획을 수립하는 단계

02 크라이티스는 직업상담의 문제유형 분류에서 흥미와 적성을 3가지 변인들과 관련지어 분류하였
다. 이때, 3가지 변인을 쓰고 설명하시오.
★★ [120214]

☞ 모범답안
① 적응성 : 흥미와 적성의 일치 여부를 통해 적응형과 부적응형으로 분류하였다.
② 결정성 : 내담자의 진로 결정 여부를 통해 다재다능형과 우유부단형으로 분류하였다.
③ 현실성 : 흥미와 적성의 고려 부족에 기인한 변인으로 비현실형과 강압형, 불충족형으로 분류하였다.

4 6가지 색깔! 홀랜드 인성이론

이론 스토리

모병 담당관이었던 홀랜드(Holland)는 제2차 세계대전 동안 군인들의 직업 특성이 몇 가지 유형으로 설명할 수 있다는 생각을 하였고 일반인들을 대상으로 상담을 진행하며 인간의 성격 유형과 직업 특성이 6개로 구분된다는 성격이론을 만들었다. 홀랜드가 말하는 성격 유형은 총 6가지이다.

① 현실형 : 기계나 도구를 다루는 것은 좋아하지만 사회적 기술이 부족한 유형이다.
② 탐구형 : 분석적이고 호기심이 많은 반면 리더십 기술이 부족한 유형이다.
③ 예술형 : 창의적이고 비순응적인 반면 규범적인 기술이 부족한 유형이다.
④ 사회형 : 다른 사람과 함께 일하는 것을 즐기는 반면, 도구나 기계를 다루는 능력이 부족하다.
⑤ 진취형 : 목표달성 능력과 리더십 능력이 우수한 반면, 과학적 능력이 부족하다.
⑥ 관습형 : 체계적이고 규칙을 잘 지키는 반면, 창의적인 능력이 부족하다.

홀랜드는 6가지의 유형을 바탕으로 육각 모형을 만들었으며, 이 육각 모형을 만들 때 적용한 법칙이 바로 5가지의 차원이다.

① 일관성 : 홀랜드는 자신의 인성이론에서 육각 모형을 만들 때 성격의 배치에 신경을 썼다. 특히 비슷한 유형은 근접하게 배치했다.
② 차별성 : 한 유형의 점수가 높을 때 반대편 유형의 점수가 낮게 나타날수록 그 유형이 뚜렷하다고 말할 수 있는데, 홀랜드는 이러한 상태가 개인의 성격을 가장 잘 변별한 상태라고 말한다.
③ 정체성 : 개인의 흥미에 대해 알 수 있다면, 내담자의 견고한 청사진을 그릴 수 있다.
④ 일치성 : 개인의 흥미 유형과 환경의 유형이 서로 부합할수록 일치성이 높다.
⑤ 계측성 : 유형들의 점수는 대각선의 길이에 반비례한다.

홀랜드의 이론은 분명 직업상담의 분야(특히 검사 제작)에 큰 영향을 끼쳤음이 분명하다. 그러나 홀랜드의 이론은 2가지 면에서 비판을 피해갈 수 없었다.

① 흥미를 중요시하면서도 흥미발달 과정에 대한 설명이 결여되어 있다.
② 진로상담에 적용할 수 있는 구체적인 상담 절차를 제공해 주지 못했다.

■ **홀랜드의 6가지 성격 유형**

① 현실형 : 기계나 도구를 다루는 것은 좋아하지만 사회적 기술이 부족한 유형이다.

② 탐구형 : 분석적이고 호기심이 많은 반면 리더십 기술이 부족한 유형이다.

③ 예술형 : 창의적이고 비순응적인 반면 규범적인 기술이 부족한 유형이다.

④ 사회형 : 다른 사람과 함께 일하는 것을 즐기는 반면, 도구나 기계를 다루는 능력이 부족하다.

⑤ 진취형 : 목표 달성 능력과 리더십 능력이 우수한 반면, 과학적 능력이 부족하다.

⑥ 관습형 : 체계적이고 규칙을 잘 지키는 반면, 창의적인 능력이 부족하다.

■ **홀랜드 육각형 모형과 관련된 해석 차원의 5가지 개념**

① 일관성 : 비슷한 유형은 근접하게 배치하였다.

② 차별성 : 한 유형의 점수가 높을 때 반대편 유형의 점수가 낮게 나타날수록 그 유형이 뚜렷하다고 볼 수 있다.

③ 정체성 : 개인의 흥미에 대해 알 수 있다면, 내담자의 견고한 청사진을 그릴 수 있다.

④ 일치성 : 개인의 흥미 유형과 환경의 유형이 서로 부합할수록 일치성이 높다.

⑤ 계측성 : 유형들의 점수는 대각선의 길이에 반비례한다.

■ **홀랜드 이론의 비판점**

① 흥미를 중요시하면서도 흥미 발달 과정에 대한 설명이 결여되어 있다.

② 진로상담에 적용할 수 있는 구체적인 상담 절차를 제공해 주지 못했다.

| 기출문제 |

01 홀랜드의 인성이론에서 제안된 6가지 성격 유형을 쓰고 설명하시오.

★★★ [160108, 140310, 090107, 080109, 070105, 040102]

☞ **모범답안**

① 현실형 : 기계나 도구를 다루는 것은 좋아하지만 사회적 기술이 부족한 유형이다.
② 탐구형 : 분석적이고 호기심이 많은 반면 리더십 기술이 부족한 유형이다.
③ 예술형 : 창의적이고 비순응적인 반면 규범적인 기술이 부족한 유형이다.
④ 사회형 : 다른 사람과 함께 일하는 것을 즐기는 반면, 도구나 기계를 다루는 능력이 부족하다.
⑤ 진취형 : 목표 달성 능력과 리더십 능력이 우수한 반면, 과학적 능력이 부족하다.
⑥ 관습형 : 체계적이고 규칙을 잘 지키는 반면, 창의적인 능력이 부족하다.

02 홀랜드 이론의 개인과 개인간의 관계, 개인과 환경 간의 관계, 환경과 환경 간의 관계를 설명하는
개념 3가지를 쓰고 각각에 대해 설명하시오.

★★ [130311, 100202]

☞ **모범답안**

① 일관성 : 홀랜드 모형에서는 비슷한 유형을 근접하게 배치하였으며, 점수가 인접할수록 일관성이 높다고 한다.
② 일치성 : 개인의 흥미 유형과 환경의 유형이 서로 부합할수록 일치성이 높다.
③ 차별성 : 한 유형의 점수가 높을 때 반대편 유형의 점수가 낮게 나타날수록 그 유형이 뚜렷하다고 볼 수 있다.

03 홀랜드 육각형 모델과 관련된 해석 차원 중에서 일관성, 변별성, 정체성에 대해 설명하시오.

★★ [100206]

☞ **모범답안**

① 일관성 : 홀랜드 모형에서는 비슷한 유형을 근접하게 배치하였으며, 점수가 인접할수록 일관성이 높다고 한다.
② 차별성 : 한 유형의 점수가 높을 때 반대편 유형의 점수가 낮게 나타날수록 그 유형이 뚜렷하다고 볼 수 있다.
③ 정체성 : 개인의 흥미에 대해 알 수 있다면, 내담자의 견고한 청사진을 그릴 수 있다.

04 홀랜드 성격 육각형 모형의 비판점을 2가지 쓰시오.

★ [100418]

☞ **모범답안**

① 흥미를 중요시하면서도 흥미 발달 과정에 대한 설명이 결여되어 있다.
② 진로상담에 적용할 수 있는 구체적인 상담 절차를 제공해 주지 못했다.

5 나는 누구인가? 실존철학

이론 스토리

실존철학은 어느 한 사람에 의해서 만들어진 이론이 아니라 다양한 분야의 전문가들에 의하여 발달된 이론이다. 실존철학은 19세기 중엽 산업화와 과학기술의 발달 속에서 인간으로 하여금 상실한 실존을 되찾고 궁극적인 의미를 찾고자 하는 시도로 발달한 이론이다. 실존철학자들은 '신은 인간을 지구에다가 내팽개치고 돌보지 않는 존재'라는 가정하에 이론을 전개해 나가며 삶은 '내던져짐'이라는 용어로 표현했다. 나를 만들어 낸 신조차도 내던졌기 때문에, 인간은 태어날 때부터 본래 소외된 존재라고 말하였으며, 그렇기 때문에 자신의 인생을 스스로 개척하도록 자유의지에 기반한 삶을 살아야 한다고 주장한다. 왜냐하면 인간은 자유의지에 의해서 중요한 결정을 스스로 내리게 될 때 지금—여기에 존재하고 있음을 깨달을 수 있기 때문이다. 그리고 인간은 그 순간 큰 기쁨을 맞보게 된다. 그러나 존재를 자각하는 순간 인간은 이러한 행복이 언젠가는 끝날 것이라는 것을 알게 되며(비존재) 그로부터 고통을 받기 시작한다. 실존철학자들은 인간이 이러한 고통에서 벗어나기 위해서는 죽음을 천벌로 보는 것이 아니라 삶에서 의미가 있고 중요한 하나의 긍정적인 사건으로 인식하여야 한다고 이야기를 한다.

결론적으로 자신의 삶의 의미를 발견하도록 하여 긍정적인 인생을 살도록 하는 것이 실존적상담의 목표인데, 이를 실현하기 위해서 내담자들에게 3가지의 치료 기법을 사용할 수 있다고 이야기한다.

① 삶에 대한 자유와 책임을 자각시킨다.
② 비존재의 상황에 직면시킴으로서 두려움을 감내시킨다.
③ 실존적 고독(소외)에 직면시킴으로서 인간관계를 점검하도록 한다.

요약 · 정리

■ 실존철학의 주요개념

① 소외 : 인간은 태어날 때부터 소외된 존재다.

② 자유의지와 책임 : 인간은 중요한 선택에 있어서 스스로 결정할 자유의지를 가지고 있으며, 자신의 선택에 대한 책임 역시 스스로 져야 한다.

③ 존재와 비존재 : 인간은 살아있음을 느끼는 순간 이러한 존재가 언젠가는 없어질 것임을

자각하고 있는 존재이다.

④ 인간은 지금-여기를 자각할 수 있는 존재이다.

⑤ 진실성 : 존재를 긍정한 만큼 비존재를 진실하게 긍정한다면 인간은 선을 실현할 수 있다.

⑥ 현상학적 장 : 인간을 이해하기 위해서는 그 인간의 주관적인 초점으로 세상을 봐야 한다.

■ 실존주의 상담의 치료 원리

① 삶에 대한 자유와 책임을 자각시킨다.

② 비존재의 상황에 직면시킴으로써 두려움을 감내시킨다.

③ 실존적 고독(소외)에 직면시킴으로써 인간관계를 점검하도록 한다.

| 기출문제 |

01 실존주의 상담자들이 내담자의 궁극적 관심사와 관련하여 중요하게 고려한 요인 3가지를 쓰고 설명하시오.

★★★ [130207, 100205, 090316]

☞ 모범답안

① 소외 : 인간은 태어날 때부터 소외된 존재이다.

② 자유의지와 책임 : 인간은 중요한 순간에 스스로 선택하며, 책임 역시 지게 된다.

③ 존재와 비존재 : 인간은 존재의 무의미에 대해서 알며, 언젠가는 없어질 것이라는 것도 자각하고 있는 존재이다.

02 실존주의적 상담은 실존적 존재로서 인간이 갖는 궁극적 관심사에 대한 자각이 불안을 야기한다고 본다. 실존주의 상담자들이 내담자의 궁극적 관심사와 관련하여 중요하게 생각하는 주제 4가지를 제시하고 각각에 대해 설명하시오.

★★★

☞ 모범답안

① 소외 : 인간은 태어날 때부터 소외된 존재이다.

② 자유의지와 책임 : 인간은 중요한 순간에 스스로 선택하며, 책임 역시 지게 된다.

③ 존재와 비존재 : 인간은 존재의 무의미에 대해서 알며, 언젠가는 없어질 것이라는 것도 자각하고 있는 존재이다.

④ 현상학적 장 : 인간을 이해하기 위해서는 그의 주관적인 초점으로 세상을 봐야 한다.

03 실존주의 상담에서 제시하는 인간 본성에 대한 철학적 기본 가정 3가지를 쓰시오.

★★★

☞ **모범답안**

① 인간은 지금-여기를 자각할 수 있는 존재이다.

② 인간은 자유의지에 의해서 자신의 삶을 스스로 만들어 갈 수 있는 존재이다.

③ 인간은 언젠가는 비존재가 될 운명을 지니고 있으며 그걸 자각하는 존재이다.

04 실존주의 상담에서 내담자의 자기인식 능력 증진을 위한 상담자의 치료 원리를 3가지 쓰시오.

★★ [140204]

☞ **모범답안**

① 삶에 대한 자유와 책임을 자각시킨다.

② 비존재의 상황에 직면시킴으로써 두려움을 감내시킨다.

③ 실존적 고독(소외)에 직면시킴으로써 인간관계를 점검하도록 한다.

6 공감의 힘! 내담자중심상담

이론 스토리

내담자중심상담은 실존철학의 영향을 받은 이론으로 현상학적 장이라는 개념을 중요하게 생각한다. 칼 로저스(Carl Rogers)는 실제적인 상담 현장에서 연구 조사를 통해 모든 개인들이 자아와 경험의 불일치로부터 고통을 받는다는 점을 알게 된다. 그래서 내담자중심상담은 개인의 자아와 경험을 일치시킴으로써 '선'을 실현하도록 도와주는데, 칼 로저스는 이러한 인간을 완전히 기능하는 사람이라고 불렀다. 완전히 기능하는 사람으로 만들기 위해서 상담사는 현상학적 장(그의 세상을 이해하기 위해서는 내담자의 초점으로 세상을 봐야 한다)으로 내담자를 대해야 하며 이를 위해서 상담사는 상담의 기법보다 내담자의 초점으로 세상을 볼 수 있는 태도가 중요하다고 말한다. 칼 로저스가 이야기한 상담사가 가져야 할 중요한 태도는 다음과 같다.

① 공감적 이해 : 내담자의 감정을 거의 같은 수준으로 이해하는 태도
② 무조건적 긍정적 수용 : 내담자의 모든 걸 그대로 받아들이며 존중하는 태도
③ 진실성 : 상담자가 자신의 감정이나 태도를 솔직하게 내보이며, 내담자의 진솔한 감정 표현을 유도하는 태도

인간은 그 자체적으로 '선'을 실현시킬 수 있는 존재라고 본 칼 로저스는 상담사가 내담자를 이해하는 태도로 일관했을 때 비로소 자아 실현을 할 수 있다고 이야기한다. 그리고 완전히 기능하는 사람이 되었을 때 비로소 실존적인 삶을 살 수 있으며, 자율적이고 창조적인 삶을 영위할 수 있을 것이라고 여겼다.

요약 · 정리

■ 내담자중심상담 상담자의 태도
① 공감적 이해
② 무조건적 긍정적 수용
③ 진실성

■ 완전히 기능하는 사람
① 실존적이다.
② 지금 – 여기에 충실하다.

③ 자율적이다.

④ 창조적이다.

⑤ 자신을 신뢰한다.

■ 칼 로저스의 인간에 대한 기본 관점

① 인간은 선하다.

② 인간은 이성적이다.

③ 인간은 신뢰할 수 있는 존재이다.

④ 인간은 적극적인 성장력을 가지고 있다.

⑤ 인간을 이해하기 위해서는 내담자의 주관적인 초점으로 봐야 한다.

| 기출문제 |

01 상담자와 내담자 간의 촉진적 관계 형성을 위해 사용해야 하는 상담자의 바람직한 태도 3가지를 설명하시오.
★★★ [160106, 150307, 150101, 090201, 090304, 080312, 070315, 060110]

☞ 모범답안
① 공감적 이해 : 내담자의 감정을 거의 같은 수준으로 이해하는 태도
② 무조건적 긍정적 수용 : 내담자의 모든 걸 그대로 받아들이며 존중하는 태도
③ 진실성 : 상담자가 자신의 감정이나 태도를 솔직하게 내보이며, 내담자의 진솔한 감정 표현을 유도하는 태도

02 로저스는 내담자중심상담을 성공적으로 이끄는 데 있어서 상담자의 능동적 성향을 강조하였으며, 패터슨도 내담자중심 직업상담은 기법보다는 태도가 필수적이라고 보았다. 내담자중심 접근법을 사용할 때 직업상담자가 갖추어야 할 3가지 기본 태도에 대해 설명하시오.
★★★

☞ 모범답안
① 공감적 이해 : 내담자의 감정을 거의 같은 수준으로 이해하는 태도
② 무조건적 긍정적 수용 : 내담자의 모든 걸 그대로 받아들이며 존중하는 태도
③ 진실성 : 상담자가 자신의 감정이나 태도를 솔직하게 내보이며, 내담자의 진솔한 감정 표현을 유도하는 태도

03 로저스의 인간중심상담의 철학적 가정 5가지를 쓰시오.
★★ [140301, 100415, 080308]

☞ 모범답안
① 인간은 선하다.
② 인간은 이성적이다.
③ 인간은 신뢰할 수 있는 존재이다.
④ 인간은 적극적인 성장력을 가지고 있다.
⑤ 인간은 이해하기 위해서는 내담자의 주관적인 초점으로 봐야 한다.

04 로저스는 현상학적인 방법을 토대로 내담자중심상담을 제시하였다. 그의 내담자중심상담에 나타 난 인간관에 대해 설명하시오.
★★

☞ **모범답안**

① 인간은 선하다.

② 인간은 이성적이다.

③ 인간은 신뢰할 수 있는 존재이다.

④ 인간은 적극적인 성장력을 가지고 있다.

⑤ 인간을 이해하기 위해서는 내담자의 주관적인 초점으로 봐야 한다.

05 내담자중심 직업상담과 특성-요인 직업상담의 차이점을 2가지 설명하시오.
★★ [140202, 100203, 010105]

☞ **모범답안**

① 특성-요인 직업상담은 검사와 진단을 중시한 반면, 내담자중심 직업상담은 검사와 진단을 보조적으로 사용 했다.

② 내담자중심 직업상담은 라포 형성이 필수인 반면, 특성-요인 직업상담은 라포 형성이 필수요소는 아니다.

06 인간중심상담에서 완전히 기능하는 사람의 특성 5가지를 쓰시오.
★★ [150306, 080316]

☞ **모범답안**

① 자율적이다.

② 창의적이다.

③ 지금-여기의 삶을 산다.

④ 실존적이다.

⑤ 자신이라는 유기체를 신뢰한다.

7 지금-여기 게슈탈트 상담

이론 스토리

게슈탈트는 전체 또는 형태라는 뜻의 독일어다. 게슈탈트 상담을 발전시킨 펄스(Perls)는 게슈탈트가 전경과 배경의 유기적인 움직임에 의해서 부분이 전체적으로 통합되는 지각 형태라고 이야기 했다. 여기서 관심의 초점이 되는 부분은 전경이 되고, 관심 밖에 놓여 있는 부분은 배경이 된다. 예를 들어, 데이트를 하고 있는 남자에게는 여자 친구가 전경이 되고 주변 사람들은 배경이 된다. 인간은 이렇게 전경과 배경을 유기적으로 움직여서 어떤 하나의 전체적인 모습을 형상화시키는데, 이러한 이유로 게슈탈트에서는 또 다른 나의 모습을 자각시켜 내담자의 인격의 부분들을 통합시키고자 한다. 그러나 인간들은 접촉 경계 혼란(내사, 투사, 융합, 반전 등)으로 인하여 전경을 배경으로 내보내지 못하는 문제가 발생이 되며, 이러한 사건들이 잘못된 태도를 유발시킬 수 있다고 한다. 게슈탈트는 인간의 잘못된 태도를 수정하기 위해 개인의 성장을 방해하는 장애물을 제거해 개인의 성장을 돕는다. 또한 문제 해결을 위해 실존철학을 통해 지금-여기의 힘으로 극복하고자 하며, 그러한 시도로 다음과 같은 다양한 상담 기법이 나오게 된다.

① 빈 의자 기법 : 상대방이 맞은편 의자에서 앉아 있다고 상상하도록 한 채 대화를 유도하는 기법
② 과장하기 : 언어나 행동을 과장되게 표현함으로써 감정 자각을 돕는 기법
③ 머물러 있기 : 미해결 감정들을 직면하여 견뎌내도록 하는 기법
④ 반전 기법 : 평소 행동과 반대되는 행동을 요구함으로써 내담자가 억압해 온 부분을 표출하도록 돕는 기법

즉, 현재의 힘으로 자신의 문제를 들여다 봄으로써 내담자들은 지금-여기의 삶을 살고 자신을 수용하며 개인의 성장을 이루게 되는 것이다.

펄스는 내담자가 상담을 통해 성격이 변화되는 과정을 양파 껍질을 벗기는 것과 같다고 비유했는데 다음의 5단계의 신경증 층을 벗겨야만 본질을 이해할 수 있다고 했다.

① 피상층 : 형식적이며, 의례적인 규범에 따라 접촉하는 수준의 단계
② 공포층 : 자신의 실제 모습이 거부당하는 게 두려워 부모나 주위 환경의 기대에 따라 역할을 수행하는 단계
③ 교착층 : 자신이 했던 역할 연기를 자각하면서 교착 상태에 놓이는 단계
④ 내파층 : 개인이 억압하고 차단해 왔던 욕구와 감정을 자신의 내부로 발산하는 단계
⑤ 외파층 : 자신의 감정이나 욕구를 직접 외부로 표출하며 게슈탈트를 완성하는 단계

요약 · 정리

■ 형태주의 상담(게슈탈트 상담) – 펄스

펄스는 개인이 전경과 배경의 유기적인 움직임으로부터 전체를 형상화시켜 나가는 존재라고 보았다.

■ 게슈탈트 상담의 목표

① 게슈탈트는 개인의 성장을 방해하는 장애물을 제거해 개인의 성장을 돕는다.

② 게슈탈트에서는 또 다른 나의 모습을 자각시켜 내담자의 인격의 부분들을 통합시킨다.

③ 현재의 경험으로 과거의 삶을 보게 한다면 지금 – 여기의 삶을 살 수 있다.

■ 게슈탈트 상담 기법

① 빈 의자 기법 : 상대방이 맞은 편 의자에서 앉아 있다고 상상하도록 한 채 대화를 유도하는 기법

② 과장하기 : 언어나 행동을 과장되게 표현함으로써 감정 자각을 돕는 기법

③ 머물러 있기 : 미해결 감정들을 직면하여 견뎌내도록 하는 기법

④ 반전 기법 : 평소 행동과 반대되는 행동을 요구함으로써 내담자가 억압해 온 부분을 표출하도록 돕는 기법

■ 게슈탈트 상담 신경증의 층

① 피상층 : 형식적이며, 의례적인 규범에 따라 접촉하는 수준의 단계

② 공포층 : 자신의 실제 모습이 거부당하는 게 두려워 부모나 주위 환경의 기대에 따라 역할을 수행하는 단계

③ 교착층 : 자신이 했던 역할 연기를 자각하면서 교착 상태에 놓이는 단계

④ 내파층 : 개인이 억압하고 차단해 왔던 욕구와 감정을 자신의 내부로 발산하는 단계

⑤ 외파층 : 자신의 감정이나 욕구를 직접 외부로 표출하며 게슈탈트를 완성하는 단계

| 기출문제 |

01 게슈탈트 상담 기법 중 3가지를 쓰고 설명하시오.
★★★ [150303, 130211, 120118, 110107, 100414]

☞ 모범답안
① 빈 의자 기법 : 상대방이 맞은 편 의자에서 앉아 있다고 상상하도록 한 채 대화를 유도하는 기법
② 과장하기 : 언어나 행동을 과장하게 표현함으로써 감정 자각을 돕는 기법
③ 머물러 있기 : 미해결 감정들을 직면하여 견뎌내도록 하는 기법

02 게슈탈트 상담 기법을 4가지만 쓰고 설명하시오.
★★★

☞ 모범답안
① 빈 의자 기법 : 상대방이 맞은편 의자에서 앉아 있다고 상상하도록 한 채 대화를 유도하는 기법
② 과장하기 : 언어나 행동을 과장하게 표현함으로써 감정 자각을 돕는 기법
③ 머물러 있기 : 미해결 감정들을 직면하여 견뎌내도록 하는 기법
④ 반전 기법 : 평소 행동과 반대되는 행동을 요구함으로써 내담자가 억압해 온 부분을 표출하도록 돕는 기법

03 펄스는 게슈탈트 상담이론에서 인간의 인격은 양파 껍질을 까는 것과 같다고 했다. 인간이 심리적 성숙을 얻기 위해 벗어야 한다고 가정한 신경증 층 3가지를 쓰고 설명하시오.
★ [130314]

☞ 모범답안
① 피상층 : 형식적이며, 의례적인 규범에 따라 접촉하는 수준의 단계
② 내파층 : 개인이 억압하고 차단해 왔던 욕구와 감정을 자신의 내부로 발산하는 단계
③ 외파층 : 자신의 감정이나 욕구를 직접 외부로 표출하며 게슈탈트를 완성하는 단계

04 형태주의 상담의 주요 목표 3가지를 쓰시오.
★ [120208]

☞ 모범답안
① 게슈탈트는 개인의 성장을 방해하는 장애물을 제거해 개인의 성장을 돕는다.
② 게슈탈트에서는 또 다른 나의 모습을 자각시켜 내담자의 인격의 부분들을 통합시킨다.
③ 현재의 경험으로 과거의 삶을 보게 한다면 지금-여기의 삶을 살 수 있다.

8 프로이트의 정신분석학

이론 스토리

프로이트가 살았던 시대에는 과학적으로 물체를 쪼개는 환원주의가 유행하였다. 이러한 시대적 흐름에 맞추어 프로이트는 인간을 원초아와 자아, 초자아로 구분하게 된다. 원초아는 쾌락의 원칙을 따르는 무의식적인 자아이고, 자아는 이성적이고 논리적인 사고를 하는 자아이며, 초자아는 도덕적인 규범을 관할하는 자아이다. 프로이트에 의하면, 개인에게는 제한된 심리적 에너지가 있으며 성격 구조의 세 요소 중 어느 요소가 통제력을 더 많이 가지고 있느냐에 따라 인간의 행동 특성이 결정된다고 한다.

우리가 어떤 행위를 하려고 할 때, 본능에 따라 행동을 할 경우 초자아의 처벌에 대한 위협을 느껴 불안을 경험하게 되는데, 이러한 불안을 '도덕적 불안'이라고 한다.

이러한 도덕적 불안에 따라 인간은 본능에 따른 행동을 절제할 수 있다. 그러나 이러한 도덕적 불안이 길어지게 될 경우, 자아가 원초아를 통제하지 못하는 상황이 되는데, 인간은 이때에도 불안을 경험하게 되고 정신분석학에서는 이러한 불안을 '신경증적 불안'이라고 부른다. 이뿐만 아니라 외부 세계로부터 오는 위협에 대한 불안도 있는데 이러한 불안을 '현실적 불안'이라고 부른다. 프로이트는 인간이 이러한 '신경증적 불안'과 '현실적 불안'을 느끼게 되는 경우 우리 몸에서는 스스로를 보호하기 위한 마음의 반응 양식이 나타나게 되는데, 이러한 기제를 방어기제라고 부른다. 프로이트는 다양한 방어기제에 대해 이야기하였는데, 대표적인 3가지 방어기제는 다음과 같다.

① 억압 : 수치스러운 생각을 무의식적으로 억누르는 것
② 부인 : 감당하기 어려운 고통을 무의식적으로 부정하는 것
③ 합리화 : 자신의 말이나 행동을 정당화시키는 것

이외에도 퇴행, 전위, 승화, 동일시 등의 방어기제가 발동이 된다. 이러한 방어기제에도 불구하고 본능이 자아와 초자아를 잠식하는 경우, 인간은 잘못된 행동을 할 수가 있는데, 정신분석상담에서는 인간의 표면적으로 드러난 문제에 관심을 가진 것이 아니라, 그러한 문제를 만들어 낸 원인에 관심을 두고 그 원인을 찾아서 제거하는 데 초점을 두고 있다. 프로이트는 인간의 성격이 초기 아동기(6세 이전)까지의 경험에 의해 형성되며, 인간의 마음은 대부분 의식할 수 없는 무의식에 있고 이 무의식에 의해 인간의 행동이 동기화된다고 하였다. 그래서 프로이트는 근본적인 문제의 원인을 찾기 위하여 꿈의 분석과 저항의 분석, 전이의 분석 및 자유연상을 통해 내담자의 과거와 무의식을 탐색하게 된다.

① 꿈의 분석 : 꿈의 내용 속에 잠재된 상징적 의미를 찾아 낸다.

② 저항의 분석 : 무의식적으로 숨기고자 하는 것, 피하고자 하는 것, 불안해하는 대상 등에 대한 정보를 얻고 그러한 저항과 무의식적인 갈등에 의미를 파악하여 통찰을 얻도록 한다.

③ 전이의 분석 : 과거에 중요한 인물에게 느꼈던 감정을 현재의 상담자에게 옮기는 것

　※역전이 : 상담자가 중요한 인물에게 가졌던 부정적 감정을 내담자에게 옮기는 것

　　　⇨ 해결 방법 ┌ 다른 상담자에게 인계
　　　　　　　　　└ 상담자가 슈퍼바이저에게 치료

이러한 기법을 통해 내담자에게 통찰을 주며 훈습을 통해서 실생활에서도 올바른 행동을 하도록 하는 것이 정신분석학의 근본적인 치료 과정이다.

요약 · 정리

■ 불안의 3가지 유형

① 현실적 불안 : 외부 세계로부터 오는 위협에 대한 불안

② 신경증적 불안 : 자아가 원초아를 통제하지 못할 경우 나타나는 불안

③ 도덕적 불안 : 자아가 초자아의 처벌에 대한 위협을 느낄 경우 나타나는 불안

■ 정신분석 상담 기법

① 꿈의 분석 : 꿈의 내용 속에 잠재된 상징적 의미를 찾아낸다.

② 저항의 분석 : 무의식적으로 숨기고자 하는 것, 피하고자 하는 것, 불안해 하는 대상 등에 대한 정보를 얻고 그러한 저항과 무의식적인 갈등의 의미를 파악한다.

③ 전이의 분석 : 과거에 중요한 인물에게 느꼈던 감정을 현재의 상담자에게 옮기는 것

　※ 역전이 : 상담자가 중요한 인물에게 가졌던 부정적 감정을 내담자에게 옮기는 것

　　　⇨ 해결방법 ┌ 다른 상담자에게 인계
　　　　　　　　　└ 상담자가 슈퍼바이저에게 치료

■ 의존적인 전이를 보이는 내담자 해결 방법

① 내담자의 전이 감정을 이해하는 한편, 객관적인 태도를 유지한다.

② 상담자는 내담자로 하여금 전이를 일으키는 동시에 해석을 통해 전이를 좌절시킨다.

| 기출문제 |

01 역전이의 의미와 해결 방안을 기술하시오.
★★ [090219, 060309]

☞ **모범답안**

① 역전이 : 상담자가 중요한 인물에게 가졌던 부정적 감정을 내담자에게 옮기는 것

② 해결 방안

　• 다른 상담자에게 내담자를 인계한다.

　• 상담자가 슈퍼바이저에게 치료를 받도록 한다.

02 내담자가 상담자에게 지나치게 의존하려는 전이가 일어났을 때 그 의미와 해결 방안을 설명하시오.
★ [070115]

☞ **모범답안**

① 전이 : 내담자가 어떤 중요한 인물에게 느꼈던 감정을 상담자에게 그대로 옮기는 것

② 해결 방안

　• 내담자의 전이 감정을 이해하는 한편 객관적인 태도를 유지한다.

　• 상담자는 내담자로 하여금 전이를 일으키는 동시에 해석을 통해 전이를 좌절시킨다.

03 정신분석적 상담은 내담자의 자각을 증진시키고 행동에 대한 지적 통찰을 얻도록 돕는다. 내담자는 직업적인 방법으로 불안을 통제할 수 없을 때 무의식적으로 방어기제를 사용하는데, 내담자가 사용하는 방어기제의 종류를 5가지만 쓰시오.
★★ [090118, 040106]

☞ **모범답안**

① 억압　　② 부인　　③ 합리화　　④ 전위　　⑤ 승화

04 프로이트의 방어기제 3가지를 쓰고 이를 설명하시오.

★★

☞ 모범답안

① 억압 : 수치스러운 생각을 무의식적으로 억누르는 것

② 부인 : 감당하기 어려운 고통을 무의식적으로 부정하는 것

③ 합리화 : 자신의 말이나 행동을 정당화시키는 것

05 정신분석 상담에서 필수적 개념인 '불안'의 3가지 유형을 쓰고 각각 설명하시오.

★ [120209]

☞ 모범답안

① 현실적 불안 : 외부 세계로부터 오는 위협에 대한 불안

② 신경증적 불안 : 자아가 원초아를 통제하지 못할 경우 나타나는 불안

③ 도덕적 불안 : 자아가 초자아의 처벌에 대한 위협을 느낄 경우 나타나는 불안

9 개인주의 상담학

이론 스토리

아들러(Adler)는 자신의 형과 동생에 대한 열등감을 극복해 나가면서 어린 시절 꿈이었던 의사가 된다. 의사가 된 후, 아들러는 열등감과 우월성에 대한 연구를 안과의를 하면서 정립해 나가기 시작하는데, 그에 의하면 시력이 나쁜 사람들은 뛰어난 청력이 발달한다는 것이었다. 이러한 관점을 바탕으로 해서 나온 이론이 개인주의상담학이다. 아들러는 프로이트의 인간을 이해하는 관점에서 성에 대한 지나친 강조를 반대하고, 사회적 요인을 바탕으로 우월성을 추구해 가는 존재라는 목적론적 관점을 채택하게 된다. 아들러는 이 과정에서 인간의 성격이 6세 이전에 결정된다는 프로이트의 주장은 수용하였지만, 자신이 처한 환경에 따라서 열등감을 극복하고 우월성을 추구해 나가면서 성격을 완성시켜 나갈 수 있다고 보았다. 아들러는 열등감을 극복하고 우월성을 추구해 가는 과정에서 부모의 양육 방식과 열등감 극복 방법, 가족 내에서의 위치에 따라서 개인들이 4가지의 생활양식을 취할 수 있다고 보았으며, 과거에 형성된 이러한 생활양식이 현재의 자신의 행동에 영향을 끼친다고 보았다. 그래서 잘못된 생활양식을 고치는 방법으로 상담의 목표를 잡고 상담과정을 진행하게 된다.

아들러가 말한 4가지의 생활양식은 사회형, 기생형, 지배형, 회피형이며, 이러한 생활양식은 6살 이전에 고착화되어 변화하기가 힘들다.

① 지배형 : 사회적 관심은 낮으나, 활동 수준은 높은 유형
② 기생형 : 사회적 관심이 낮고, 활동 수준은 보통이거나 낮은 유형
③ 회피형 : 사회적 관심과 활동 수준이 모두 낮은 유형
④ 사회형 : 사회적 관심과 활동 수준이 모두 높은 유형

아들러는 사회형의 인간을 가장 건강한 유형으로 보았다. 그래서 잘못된 생활양식을 가진 내담자들에게는 과거의 잘못된 생활양식을 버리고 새로운 생활양식을 갖도록 함으로써 사회형의 인간으로 만드는 상담과정을 만들어 낸다. 그 과정에서 내담자들이 가지고 있는 잘못된 가치와 목표는 수정하도록 하였다.

문제를 겪고 있는 대부분의 내담자들은 우월성을 추구해 보지 못할 가능성이 높기 때문에 아들러는 내담자가 왔을 때 가장 먼저 격려와 지지의 방법으로 상담 관계를 형성해야 한다고 말한다. 상담 관계의 형성이 끝나게 되면 초기 기억과 꿈, 가족 내에서의 위치와 우선적 과제를 통해서 내담자의 현재의 행동에 영향을 미치는 생활양식을 찾아내는 개인 역동성 탐색의 단계로 넘어가게 된다. 과거의 경험을 바탕으로 자신의 행동을 본 내담자들은 자신의 정보를 통합하고 요약하는 과정에서 통찰을 얻게 된다. 하지만 잘못된 문제를 찾았다고 해서 수십년간 형성해 온 성격

을 하루아침에 바꿀 수는 없을 것이다. 그래서 아들러는 내담자들이 통찰한 내용이 실생활에 잘 반영되도록 재교육을 시키기 위해 '마치~인 것처럼 행동하기', '단추 누르기' 등의 기법을 통해 행동을 조정하게 된다.

요약 · 정리

■ 아들러의 개인주의 상담의 상담 단계

① 상담 관계 형성 → 기법 : 격려와 지지
② 개인 역동성 탐색
③ 통합과 요약(통찰)
④ 재교육

■ 아들러 개인주의 상담의 목표

① 열등감을 극복하고 우월성을 추구하도록 한다.
② 기존의 생활양식을 버리고 새로운 생활양식을 갖도록 한다.
③ 사회형 인간을 만들도록 한다.
④ 내담자의 잘못된 가치와 목표는 수정할 수 있도록 한다.
⑤ 내담자가 통찰한 내용이 실생활에 잘 반영되도록 재교육을 시킨다.

■ 아들러 개인주의 상담에서 개인의 생활양식 유형

① 지배형 : 사회적 관심은 낮으나, 활동 수준은 높은 유형
② 기생형 : 사회적 관심이 낮고, 활동 수준은 보통이거나 낮은 유형
③ 회피형 : 사회적 관심과 활동 수준이 모두 낮은 유형
④ 사회형 : 사회적 관심과 활동 수준이 모두 높은 유형

| 기출문제 |

01 아들러의 개인주의 상담에서 생활양식 4가지 유형을 쓰고 설명하시오.
★★ [140102]

☞ 모범답안
① 지배형 : 사회적 관심은 낮으나 활동 수준은 높은 유형
② 기생형 : 사회적 관심은 낮으나 활동 수준은 다소 낮거나 중간인 유형
③ 회피형 : 사회적 관심도 낮으며 활동 수준도 낮은 유형
④ 사회형 : 사회적 관심도 높으며 활동 수준도 높은 유형

02 아들러의 개인주의 상담의 4단계 치료 과정을 순서대로 쓰시오.
★ [120108]

☞ 모범답안
① 상담 관계 형성   ② 개인 역동성 탐색   ③ 통합과 요약   ④ 재교육

03 아들러의 개인주의 상담 과정의 목표 5가지를 쓰시오.
★★ [130310, 060114]

☞ 모범답안
① 열등감을 극복하고 우월성을 추구하도록 한다.
② 내담자가 과거의 잘못된 생활양식을 버리고 새로운 생활양식을 갖도록 한다.
③ 사회형 인간을 만들도록 한다.
④ 내담자의 잘못된 가치와 목표는 수정할 수 있도록 한다.
⑤ 내담자가 통찰한 내용이 실생활에 잘 반영되도록 재교육을 시킨다.

04 직업상담에서 프로이트의 정신분석적 접근과 아들러의 개인심리학적 접근의 인간관을 비교 설명하시오.
★ [090102]

☞ 모범답안
① 프로이트는 과거를 중시한 반면, 아들러는 과거가 현재에 어떤 영향을 미치는지에 관심이 있었다.
② 프로이트는 인간의 성격이 6세 이전에 결정된다는 결정론적 존재라고 한 반면, 아들러는 인간의 성격이 6세 이전에 결정되지만 열등감을 극복하고 우월성을 추구하는 목적론적 존재라고 보았다.
③ 프로이트는 인간을 원초아, 자아, 초자아로 분리한 반면, 아들러는 인간을 총체적 존재로 보았다.

10 에릭 번의 교류 분석

이론 스토리

교류 분석은 미국의 정신의학자 에릭 번(Eric Berne)에 의해 발전된 이론으로 인간의 성격 문제를 교류라는 의사소통을 통해 접근하였다는 데 의의가 있다.

에릭 번의 교류 분석을 이은 학파 중 고전학파는 인간들이 잘못된 교류를 함으로써 오염된 자아를 형성하게 된다고 이야기한다. 이러한 오염된 자아를 고치기 위해서 상담자는 내담자의 잘못된 교류를 파악하여 교정할 필요가 있다고 보았다. 정신역동상담의 영향을 받은 에릭 번은 인간의 의사소통은 외형이 아닌 각자가 가지고 있는 자아와 자아 간의 교류 사이에서 일어난다고 말한다.

자아의 종류는 다음과 같이 3가지의 종류가 있다.

① 부모자아 : 개인의 도덕, 가치체계, 윤리를 관할하는 자아
② 어른자아 : 객관적이며 이성적으로 판단하는 자아
③ 어린이자아 : 어린아이처럼 충동, 감정 및 자발적인 행동을 하는 자아

에릭 번과 고전학파들은 내담자들의 교류를 분석하며 인간들의 오염된 자아를 올바로 만들기 위해서 노력하게 되는데, 그 과정에서 사용된 4가지의 상담 기법을 소개한다.

① 의사 교류 분석 : 내담자가 다른 사람과의 의사 교류 과정에서 어떤 형태의 의사 교류를 하고 있는지를 분석하는 기법
② 구조 분석 : 내담자의 3가지 자아상태가 어떻게 구성되어 있는지를 분석하는 기법
③ 게임 분석 : 겉으로는 합리적인 대화로 보이지만 속으로는 두 사람 또는 한 개인에게 라켓(racket, 불쾌한 감정)을 느끼게 하는 게임을 분석하는 기법
④ 생활 각본 분석 : 내담자의 어린 시절을 분석하여 생활 자세를 파악하는 기법

에릭 번은 개인이 어린 시절에 어떤 교류를 가졌느냐에 따라서 인간이 크게 4가지의 생활양식을 바탕으로 살아간다고 보았다. 에릭 번이 이야기한 4가지의 생활양식은 다음과 같다.

① 자기긍정-타인긍정 : 나도 옳고 너도 옳다는 생활 자세로 세상에 대해 수용적인 자세를 가진다.
② 자기긍정-타인부정 : 나는 옳고 너는 옳지 않다는 자세로 세상에 대해 비난과 불신의 자세를 가진다.
③ 자기부정-타인긍정 : 나는 옳지 않고 너는 옳다는 자세로 세상에 대해 죄의식과 우울한 자세를 가진다.

④ 자기부정－타인부정 : 나도 옳지 않고 너도 옳지 않다는 자세로 세상에 대해 비관적인 자세를 가진다.

　교류 분석은 인간 소외 현상의 중요한 원인 중 하나인 의사소통의 단절 문제를 해결하는 데 큰 시사점을 제공하였다. 그러나 몇 가지 부분에서 다음과 같은 비판을 받게 된다.

① 교류 분석은 용어가 모호하고 추상적이어서 실제 적용이 어렵다.
② 개념이 인지적이므로 내담자의 지적 수준이 높아야 한다.
③ 인간의 고차원적인 성격을 정확하게 테스트하고 교정한다는 것이 쉽지 않다.

요약 · 정리

■ 교류 분석(TA)에서 말하는 자아

① 부모자아 : 도덕, 윤리를 관할하는 자아
② 성인자아 : 현실을 합리적, 이성적으로 판단하도록 하는 자아
③ 아동자아 : 어린아이처럼 본능의 감정을 그대로 표현하도록 하는 자아

■ 교류 분석의 상담 기법

① 의사 교류 분석 : 다른 사람과의 의사 교류 과정에서 어떤 형태의 의사 교류를 하고 있는지 분석
② 구조 분석 : 3가지 자아 상태가 어떻게 구성되어 있는지 분석하는 것
③ 게임 분석 : 겉으로는 합리적인 대화로 보이지만 속으로는 두 사람 또는 한 개인에게 라켓을 느끼게 하는 게임을 분석하는 기법
④ 생활 각본 분석: 내담자의 어린 시절을 분석하여 생활 자세를 파악하는 기법

■ 교류 분석의 4가지의 생활자세

① 자기긍정－타인긍정 : 나도 옳고 너도 옳다는 생활 자세로 세상에 대해 수용적인 자세를 가진다.
② 자기긍정－타인부정 : 나는 옳고 너는 옳지 않다는 자세로 세상에 대해 비난과 불신의 자세를 가진다.

③ 자기부정－타인긍정 : 나는 옳지 않고 너는 옳다는 자세로 세상에 대해 죄의식과 우울한 자세를 가진다.

④ 자기부정－타인부정 : 나도 옳지 않고 너도 옳지 않다는 자세로 세상에 대해 비관적인 자세를 가진다.

■ 교류 분석의 제한점

① 교류 분석은 용어가 모호하고 추상적이어서 실제 적용이 어렵다.

② 개념이 인지적이므로 내담자의 지적 수준이 높아야 한다.

③ 인간의 고차원적인 성격을 정확하게 테스트하고 교정한다는 것이 쉽지 않다.

| 기출문제 |

01 교류 분석적 상담에서 주장하는 자아의 3가지 형태를 쓰고 각각에 대해 간략히 설명하시오.
★★ [090309, 030102]

☞ 모범답안
① 부모자아 : 개인의 도덕, 가치체계, 윤리를 관할하는 자아
② 어른자아 : 객관적이며 이성적으로 판단하는 자아
③ 어린이자아 : 어린아이처럼 충동, 감정 및 자발적인 행동을 하는 자아

02 의사 교류 분석 상담 기법에서 역동적 자아 상태 3가지를 설명하시오.
★★

☞ 모범답안
① 부모자아 : 개인의 도덕, 가치체계, 윤리를 관할하는 자아
② 어른자아 : 객관적이며 이성적으로 판단하는 자아
③ 어린이자아 : 어린아이처럼 충동, 감정 및 자발적인 행동을 하는 자아

03 의사 교류 분석 상담의 제한점 3가지를 설명하시오.

★★ [140111, 110305]

☞ **모범답안**

① 교류 분석은 용어가 모호하고 추상적이어서 실제 적용이 어렵다.
② 개념이 인지적이므로 내담자의 지적 수준이 높아야 한다.
③ 인간의 고차원적인 성격을 정확하게 테스트하고 교정한다는 것이 쉽지 않다.

04 교류 분석적 상담에서 개인의 생활 각본을 구성하는 주요 요소인 기본적인 생활 자세 4가지를 쓰고 설명하시오.

★ [110217]

☞ **모범답안**

① 자기긍정 – 타인긍정 : 나도 옳고 너도 옳다는 생활 자세로 세상에 대해 수용적인 자세를 가진다.
② 자기긍정 – 타인부정 : 나는 옳고 너는 옳지 않다는 자세로 세상에 대해 비난과 불신의 자세를 가진다.
③ 자기부정 – 타인긍정 : 나는 옳지 않고 너는 옳다는 자세로 세상에 대해 죄의식과 우울한 자세를 가진다.
④ 자기부정 – 타인부정 : 나도 옳지 않고 너도 옳지 않다는 자세로 세상에 대해 비관적인 자세를 가진다.

05 교류 분석 상담이론에서 상담자가 내담자의 이해를 위해 사용하는 분석 유형 3가지를 쓰고 설명하시오.

★ [130204]

☞ **모범답안**

① 의사 교류 분석 : 내담자가 다른 사람과의 의사교류 과정에서 어떤 형태의 의사 교류를 하고 있는지를 분석하는 기법
② 구조 분석 : 내담자의 3가지 자아 상태가 어떻게 구성되어 있는지를 분석하는 기법
③ 생활 각본 분석 : 내담자의 어린 시절을 분석하여 생활 자세를 파악하는 기법

11 학습의 힘!! 행동주의 상담학

이론 스토리

행동주의는 '인간의 모든 행동은 학습된다'라는 가정으로부터 시작된다. 이때, 인간은 긍정적인 행동뿐만이 아니라 부정적인 행동도 학습하게 되는데, 행동주의 상담은 잘못 학습된 행동이 인간의 성격에 영향을 미치기 때문에 부정적인 행동을 소거시키는 것을 목표로 상담을 진행한다. 이때, 부정적인 행동을 소거시키기 위한 다양한 상담 기법이 나오게 되는데, 행동주의 학파들은 상담 기법을 크게 내적 행동 변화를 촉진시키는 기법과 외적 행동 변화를 촉진시키는 기법으로 나눈다. 추후, 또 다른 학자들은 행동주의 기법을 불안 감소 기법과 학습 촉진 기법으로 나뉘게 된다. 불안 감소 기법은 내담자가 가진 불안을 제거하도록 함으로써 행동 변화를 촉진시키는 기법으로, 불안을 노출시키는 방법에 따라 노출 기법은 크게 3가지로 구분을 시킨다. 실제적 노출법은 실제 공포 자극에 노출시키는 기법으로서 대표적으로 혐오 치료가 있다. 심상적 노출법은 공포 자극을 상상을 통해 노출시키는 방법으로 정서적 상상이 대표적인 기법이다. 또한 공포의 자극을 낮은 것부터 높은 것으로 점차 강도를 높여 노출시키는 점진적 노출법의 한 방법으로 체계적 둔감화를 사용한다.

이때 체계적 둔감화는 크게 3단계를 거쳐 진행이 되는데, 진행 단계는 다음과 같다.

① 근육 이완 훈련 : 근육을 자유자재로 이완시키도록 훈련시킨다.
② 불안 위계 목록 작성 : 불안을 일으키는 목록을 작성하게 한 후 순위를 매긴다.
③ 둔감화 : 낮은 불안부터 높은 불안까지 상상하게 하여 점진적으로 불안을 감소시킨다.

예를 들어 면접에서 지나친 긴장과 불안 때문에 취업에 실패를 거듭해온 내담자에게는 체계적 둔감화를 아래와 같이 실시할 수 있다.

① 근육이완훈련 : 내담자가 자유자재로 심호흡을 하며 근육을 이완시킬 수 있도록 훈련시킨다.
② 불안위계목록작성 : 내담자가 면접 시 불안을 일으키는 질문목록을 작성하도록 한 후, 1~10점으로 점수를 매기도록 하여 순위를 정한다.
③ 둔감화 : 내담자에게 면접 장면을 상상하도록 한 후, 낮은 불안을 일으키는 질문부터 점진적으로 높은 불안을 일으키는 질문을 던지고 답변하도록 하여 면접 시의 불안을 감소시킨다.

반면 외부의 학습을 바탕으로 행동을 변화시키는 학습 촉진 기법의 대표적인 것으로는 강화, 토큰법, 모델링, 자기주장, 혐오치료 등이 있다.

① 강화 : 자극을 주어 행동을 변화시키는 기법으로 긍정적인 행동을 강화시키는 정적강화와 부정적 행동을 소거시키는 부적강화가 있다.

② 토큰법 : 바람직한 행동들에 대한 목록을 정해 놓은 후 그 행동을 할 때 토큰을 주는 기법
　③ 모델링 : 타인의 행동에 대한 관찰 및 모방에 의한 학습으로 문제 행동을 수정하는 기법

　후에 행동주의에 영향을 받은 크롬볼츠(Krumboltz)라는 학자는 인간의 진로 의사 결정이라는 행동도 학습될 수 있다는 명제하에 사회학습이론을 만들어 낸다. 크롬볼츠는 인간의 진로가 다음의 4가지 요소에 의해 학습되어 결정되는 일련의 과정이라고 보았다.

　① 유전적 요인과 특별한 능력
　② 환경적 조건과 사건
　③ 학습 경험
　④ 과제 접근 기술

　크롬볼츠는 인간이 4가지 요소에 의하여 자신의 적성과 흥미, 능력 등의 개인일반화를 시키며 주변 세계에 대한 일반화도 한다고 보았다. 여기에 자신의 과제접근기술을 향상시키게 될 때 개인의 진로성숙도가 상승하여 올바른 행위의 산출(진로의사결정)을 할 수 있다고 보았다.

요약 · 정리

■ 행동주의 상담의 기본 가정

　① 인간 행동의 대부분은 학습된 것이므로 수정이 가능하다.
　② 부정적인 행동을 소거시킨다.
　③ 상담 기술의 발전을 위하여 강화나 모방 등의 학습 원리가 사용될 수 있다.
　④ 상담의 효과는 상담장면 밖에서 내담자의 구체적인 행동 변화에 의해 평가된다.

■ 행동주의 상담에서의 불안 노출 기법

　① 실제적 노출법 : 실제 공포자극에 노출시키는 방법(예 : 혐오치료)
　② 심상적 노출법 : 공포자극을 상상을 통해 노출시키는 방법(예 : 정서적 상상)
　③ 점진적 노출법 : 공포의 자극을 낮은 것부터 높은 것으로 점차 강도를 높여 노출시키는 기법(예 : 체계적 둔감화)

■ 행동주의 상담에서의 상담 기법 분류

(1) 내적 행동 변화를 촉진시키는 기법

① 체계적 둔감화

② 정서적 심상법

③ 홍수법

(2) 외적 행동 변화를 촉진시키는 기법

① 강화

② 모델링

③ 토큰법

■ 행동주의 직업상담 기법

(1) 불안 감소 기법

① 체계적 둔감화 : 낮은 불안부터 높은 불안까지 상상하게 하여 점진적으로 불안을 감소시키는 기법

② 정서적 심상법 : 실제 장면이나 감정을 마음속으로 상상해 보도록 함으로써 불안을 감소시키는 기법

③ 혐오 치료 : 바람직하지 못한 행동에 혐오 자극을 제시함으로써 불안을 감소시키는 기법

(2) 학습 촉진 기법

① 강화 : 자극을 주어 행동을 변화시키는 기법(정적 강화, 부적 강화)

② 토큰법 : 바람직한 행동들에 대한 목록을 정해 놓은 후 그 행동을 할 때 토큰을 주는 기법

③ 모델링 : 타인에 행동에 대한 관찰 및 모방에 의한 학습 → 문제 행동 수정

④ 변별학습 : 정적자극 강화, 부적 자극 소거

■ 체계적 둔감화의 3단계

① 근육 이완 훈련 : 근육을 자유자재로 이완시키도록 훈련시킨다.

② 불안 위계 목록 작성 : 불안을 일으키는 목록을 작성하게 한 후 순위를 매긴다.

③ 둔감화 : 낮은 불안부터 높은 불안까지 상상하게 하여 점진적으로 불안을 감소시킨다.

■ 크롬볼츠의 사회학습이론에서 진로 발달에 영향을 미치는 요인

① 유전적 요인과 특별한 능력

② 환경적 조건과 사건

③ 학습 경험

④ 과제 접근 기술

| 기출문제 |

01 행동주의 상담의 기법으로 적응 행동을 증진시키는 방법이 있다. 적응 행동 증진 기법 3가지를 쓰고 설명하시오.

★★★ [160101, 150203, 150112, 140212, 120305, 110112, 100118]

☞ **모범답안**

① 강화 : 자극을 주어 행동을 변화시키는 기법으로 긍정적인 행동을 강화시키는 정적 강화와 부정적 행동을 소거시키는 부적 강화가 있다.

② 토큰법 : 바람직한 행동들에 대한 목록을 정해 놓은 후 그 행동을 할 때 토큰을 주는 기법

③ 모델링 : 타인의 행동에 대한 관찰 및 모방에 의한 학습으로 문제 행동을 수정하는 기법

02 행동주의 상담 기법인 불안 감소 기법과 학습 촉진 기법에 대해 3가지 방법을 쓰고 설명하시오.

★★★

☞ **모범답안**

(1) 불안 감소 기법

① 체계적 둔감화 : 낮은 불안부터 높은 불안까지 상상하게 하여 점진적으로 불안을 감소시키는 기법

② 정서적 심상법 : 실제 장면이나 감정을 마음속으로 상상해 보도록 함으로써 불안을 감소시키는 기법

③ 혐오 치료 : 바람직하지 못한 행동에 혐오 자극을 제시함으로써 부적응적인 행동을 제거하는 기법

(2) 학습 촉진 기법

① 강화 : 자극을 주어 행동을 변화시키는 기법으로 긍정적인 행동을 강화시키는 정적 강화와 부정적 행동을 소거시키는 부적 강화가 있다.

② 토큰법 : 바람직한 행동들에 대한 목록을 정해 놓은 후 그 행동을 할 때 토큰을 주는 기법

③ 모델링 : 타인에 행동에 대한 관찰 및 모방에 의한 학습으로 문제 행동을 수정하는 기법

03 행동주의 상담에서 외적 행동 변화를 촉진시키는 방법 5가지를 쓰시오.

★★★

☞ **모범답안**

① 강화

② 토큰법

③ 모델링

④ 주장 훈련

⑤ 혐오 치료

04 행동주의 상담에서 체계적 둔감화의 표준 절차 3단계를 설명하시오.

★★★ [150113, 130208, 100313, 080315, 080108, 050105, 040309, 000305]

☞ 모범답안

① 근육 이완 훈련 : 근육을 자유자재로 이완시키도록 훈련시킨다.

② 불안 위계 목록 작성 : 불안을 일으키는 목록을 작성하게 한 후 순위를 매긴다.

③ 둔감화 : 낮은 불안부터 높은 불안까지 상상하게 하여 점진적으로 불안을 감소시킨다.

05 행동주의에서 말하는 강화가 무엇인지 설명하시오.

★★★ [040110]

☞ 모범답안

강화란 자극을 주어 행동을 변화시키는 기법으로, 긍정적인 행동을 강화시키는 정적 강화와 부정적인 행동을 소거시키는 부적 강화가 있다.

06 행동주의 상담에서 의사 결정을 내리지 못하는 내담자의 상담 목적을 쓰시오.

★ [030304]

☞ 모범답안

행동주의 상담에서는 결정에 대한 불안으로 인하여 의사 결정에 어려움을 겪는다고 이야기한다. 그러므로 상담사는 내담자가 불안을 감소시키도록 편안한 환경을 조성해야 하며 친절하고 따뜻한 언어를 사용하도록 한다.

07 크롬볼츠의 사회학습이론에서 개인의 진로 선택에 영향을 미치는 것으로 가정한 요인 3가지를 쓰시오.

★★★ [140113, 120316, 100401, 100204]

☞ 모범답안

① 유전적 요인과 특별한 능력

② 환경적 조건과 사건

③ 학습 경험

④ 과제 접근 기술

08 행동주의 상담이론의 기본적인 가정 3가지를 쓰시오.

★★ [120115, 090109]

☞ 모범답안

① 인간의 모든 행동은 학습된 것이다.

② 상담의 목표는 부정적 행동을 제거시키는 것이다.

③ 강화나 모방 등의 원리가 상담 기술의 발전을 위해 이용될 수 있다.

09 행동주의 상담의 노출치료법 3가지를 설명하시오.

★ [110310]

☞ 모범답안

① 실제적 노출법 : 내담자를 실제 공포 자극에 노출시키는 방법

② 심상적 노출법 : 내담자에게 공포 자극을 상상하도록 하여 노출시키는 기법

③ 점진적 노출법 : 공포 자극을 낮은 것에서부터 점진적으로 높이며 노출시키는 기법

12 엘리스의 REBT

이론 스토리

엘리스(Ellis)의 인지·정서·행동 이론(Rational Emotive Behavior Therapy : REBT)에서는 인간이 가진 감정과 사고 행동 중 사고에 초점을 맞춘 것이다. 즉, REBT는 사고를 중시하면서 어떻게 사고를 하느냐에 따라 감정이나 행동이 달라진다고 주장한다. REBT에서는 인간의 잘못된 태도가 당위적인 생각인 비합리적 신념으로부터 나오며, 이러한 비합리적 신념을 합리적 신념으로 바꾸는 것을 목표로 상담을 진행한다. 엘리스는 인간의 비합리적인 신념을 일으키는 당위성을 크게 개인에 대한 당위성과 타인에 대한 당위성, 세상에 대한 당위성이라고 말하였다.

① 개인에 대한 당위성 : 나는 반드시 성공해야 한다. 그렇지 않으면 불행할 것이다.
② 타인에 대한 당위성 : 타인은 반드시 나를 공정하게 대우해야 한다. 그렇지 않으면 불행할 것이다.
③ 세상에 대한 당위성 : 세상의 조건들은 내가 원하는 방향으로 돌아가야만 한다. 그렇지 않으면 불행할 것이다.

엘리스는 이러한 당위적인 생각을 융통적인 생각으로 바꾸기 위하여 REBT만의 상담 기법을 만들어 내게 된다.

① 비합리적 신념 논박하기 : 상담사가 내담자가 가지고 있는 비합리적 신념에 반박하여 합리적인 신념으로 바꾸는 기법으로 ABC 모형을 이용하여 진행하는 경우가 많다.
  [사례] ABC 모형
  A(Activating event, 선행사건) : 무엇인가 기분 나쁜 일이 나에게 일어나고 있다.
  B(Belief system, 비합리적 신념) : 나에게 일어나는 그 일은 절대로 일어나지 않아야 하는 일이다.
  C(Consequence, 비합리적 신념에 따른 정서적, 행동적 결과) : 나는 당황하고 불안을 느끼며 신경증 상태에 빠지게 된다.
  D(Dispute, 비합리적 신념에 대한 논박) : 왜 그것이 끔찍한 일인가? 왜 그것이 일어나서는 안 되는가?
  E(Effect, 논박으로 인한 효과) : 기분은 나쁘지만 재앙은 아니다. 나는 그것을 충분히 극복할 수 있다.
② 인지적 과제 부여하기 : 내담자에게 자신의 문제 목록표를 만들게 하고, 절대론적 신념을 찾아 스스로 논박하도록 하는 기법
③ 내담자 언어 바꾸기 : '~해야만 한다' 등과 같은 말을 '~하는 것이 낫다'는 언어로 바꾸는 기법

요약 · 정리

■ 엘리스의 REBT(인지 · 정서 · 행동 이론, 인지정서적 상담이론)의 기본 원리(가정)

① 인간의 태도는 인지, 정성, 행동을 통해 결정된다.

② 인지는 인간의 태도를 결정짓는 가장 중요한 핵심 요소이다.

③ 비합리적 신념은 당위성으로부터 나온다.

④ 인간의 역기능적 사고는 비합리적 신념으로부터 나온다.

⑤ 비합리적 신념은 변화시킬 수 있다.

■ 비합리적 신념의 3가지 당위성

① 개인에 대한 당위성 : 나는 반드시 성공해야 한다. 그렇지 않으면 불행할 것이다.

② 타인에 대한 당위성 : 타인은 반드시 나를 공정하게 대우해야 한다. 그렇지 않으면 불행할 것이다.

③ 세상에 대한 당위성 : 세상의 조건들은 내가 원하는 방향으로 돌아가야만 한다. 그렇지 않으면 불행할 것이다.

■ REBT의 상담 기법

① 비합리적 신념 논박하기

② 내담자 언어 바꾸기

③ 인지적 과제 부여하기

■ ABC 모형

① 선행 사건 : 이미 일어난 사건

② 비합리적 신념 : 선행 사건으로 인한 비합리적 신념

③ 결과 : 비합리적 신념으로 인한 정서적, 행동적 결과

④ 논박 : 비합리적 신념에 대한 논리적인 반박

⑤ 효과 : 논박으로 인한 효과

| 기출문제 |

01 인지정서적 상담이론에서 개인을 파멸로 몰아가는 근본적인 문제는 개인의 비합리적 신념 때문이다. 비합리적 신념의 뿌리를 이루고 있는 3가지 당위성을 예를 들어 설명하시오.

★★★ [130107, 110303, 100216, 090205]

☞ 모범답안

① 개인에 대한 당위성 : 나는 반드시 성공해야 한다. 그렇지 않으면 불행할 것이다.

② 타인에 대한 당위성 : 타인은 반드시 나를 공정하게 대우해야 한다. 그렇지 않으면 불행할 것이다.

③ 세상에 대한 당위성 : 세상의 조건들은 내가 원하는 방향으로 돌아가야만 한다. 그렇지 않으면 불행할 것이다.

02 인지정서적 상담에서 ABCDE의 의미를 쓰시오.

★★★ [150110, 080118, 070318, 040301, 030105]

☞ 모범답안

① A : 선행 사건

② B : 선행 사건으로 인한 비합리적 신념

③ C : 비합리적 신념으로 인한 정서적, 행동적 결과

④ D : 비합리적 신념에 대한 논박

⑤ E : 논박으로 인한 효과

03 실직으로 인한 우울증을 겪는 내담자에게 A~F의 상담 원리로 설명하시오.

★★★

☞ 모범답안

① A : 선행 사건 – 나는 실직했다.

② B : 선행 사건으로 인한 비합리적 신념 – 실직하다니. 나는 무능하다.

③ C : 비합리적 신념으로 인한 정서적, 행동적 결과 – 무능력, 패배감, 자존감 하락

④ D : 비합리적 신념에 대한 논박 – 실직을 한 모든 사람이 다 무능한가? 모든 사람들이 3~4번 이상의 직업을 갖는데 어떻게 생각하는가?

⑤ E : 논박으로 인한 효과 – 실직을 했지만, 이번 기회를 활용하여 새로운 도전을 해 보자.

⑥ F : 새로운 감정 – 자기 긍정적 감정의 형성

04 인지정서적 상담이론의 인간에 대한 기본 가정, 기본 개념, 상담의 목표를 쓰시오.

★★ [150202, 120202]

☞ 모범답안

(1) 기본 가정

　① 인간의 태도는 인지, 정서, 행동으로부터 나온다.

　② 인지가 정서와 행동을 유발하는 핵심 요소이다.

　③ 인간의 심리적 문제는 비합리적 신념에서 시작된다.

(2) 기본 개념

　REBT는 ABC 이론으로 설명할 수 있다. A는 선행 사건이며 B는 이 사건으로 인해 나타나는 비합리적 신념, C는 비합리적 신념으로 인한 정서적, 행동적 결과를 의미한다. 상담사는 D, 즉 비합리적 신념에 대한 논박을 통해 내담자의 사고를 합리적인 신념으로 바꾸게 된다. 이때 나타난 내담자의 효과를 E라고 부른다.

(3) 상담의 목표

　REBT상담의 목표는 내담자의 비합리적인 신념을 논박을 통해 합리적인 신념으로 바꿈으로써 심리적 문제를 해결하는 데 있다.

05 엘리스의 REBT에서 사용하는 상담 기법 3가지를 쓰고 설명하시오.

★★ [120307]

☞ 모범답안

① 비합리적 신념 논박하기 : 상담사가 내담자가 가지고 있는 비합리적 신념에 반박하여 합리적인 신념으로 바꾸는 기법

② 인지적 과제 부여하기 : 내담자에게 자신의 문제 목록표를 만들게 하고, 절대론적 신념을 찾아 스스로 논박하도록 하는 기법

③ 내담자 언어 바꾸기 : '～해야만 한다' 등과 같은 말을 '～하는 것이 낫다'는 언어로 바꾸는 기법

13 벡의 인지치료

이론 스토리

아론 벡(Aaron T. Beck)은 우울증의 원인을 크게 5가지 단계로 설명한다. 아론 벡이 말하는 우울증의 핵심적인 원인은 인지로서, 평상시에는 정상적으로 작동하던 인지 기능이 환경적 조건과 스트레스 사건으로 인하여 잘못 기능할 때가 있는데, 이러한 인지의 기능을 역기능적 인지 도식이라고 불렀다. 즉, 평상시에 우리가 길을 가다가 누군가와 부딪혔을 때 정상적인 인지 기능이 일어나면 "죄송합니다"라는 말로 그 상황을 벗어나지만, 아침에 스트레스 사건을 경험한 후 누군가와 부딪히면 "아이 씨~"라는 반응이 먼저 나오게 되는 것을 역기능적 인지 도식이라고 본 것이다. 이러한 역기능적 인지 도식이 반복적으로 일어나게 되었을 때 우리의 인지는 고장이 나며 이때 생기는 오류를 벡은 인지적 오류라고 보았다. 인지적 오류의 종류는 다음과 같다.

① 선택적 추상화 : 사건의 특정한 일부의 정보만 보고 전체의 의미를 해석하려는 오류로, 예를 들어 한 유능한 야구선수가 자신의 실수에만 집중한다면 그 선수는 사건의 부정적인 결과를 선택적으로 예측하며 우울해 할 수밖에 없는 것이다.

② 과잉일반화 : 한두 번의 사건에 근거하여 일반적인 결론을 내리는 오류로, 예를 들어 고등학교 1학년 남학생이 '나는 수학을 못하니까 형편없는 학생이야.'라고 일반적인 결론을 내리는 경우가 해당한다.

③ 흑백논리 : 사건을 중간지대 없이 흑 아니면 백으로 해석하려는 오류로, 예를 들어 '만약 시험에서 A를 받지 못하면 나는 실패야.'라고 말하는 학생이 빠져 있는 사고를 의미한다.

④ 독심술 : 상대방의 마음을 전부 알고 있다고 착각하는 오류로, 예를 들어 친구가 쇼핑을 같이 가려 하지 않기 때문에 자신을 더 이상 좋아하지 않는 것이라고 결론내리는 사람을 생각해 볼 수 있다.

이러한 인지적 오류는 개인에게 부정적인 자동적 사고를 일으키게 되며, 이로 인해 우울증이 일어난다고 한다. 그래서 벡은 인간의 잘못된 태도에 문제를 일으키는 인지를 찾아서 인지적 치료를 한 후 행동 치료를 통해 내담자의 잘못된 행동을 수정하고 올바른 행동을 하도록 하였다.

① 재귀인 : 사건에 대한 모든 변인들을 고려한다.

② 재정의 : 내담자의 부적절한 신념에 대한 재정의를 내리도록 한다.

③ 탈중심화 : 다른 사람들의 관심이 자신에게 집중되어 있다고 믿는 내담자의 신념을 수정한다.

요약 · 정리

■ 아론 벡의 인지 치료

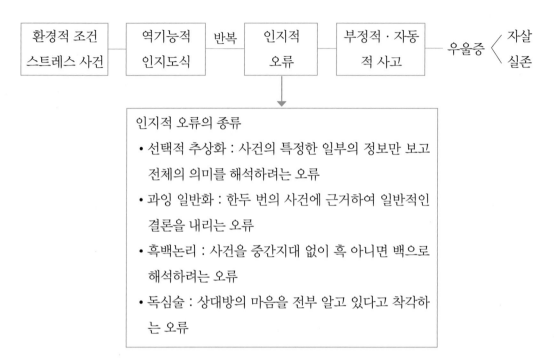

■ 인지적 상담 기법

① 재귀인 : 사건에 대한 모든 변인들을 고려한다.

② 재정의 : 내담자의 부적절한 신념에 대한 재정의를 내리도록 한다.

③ 탈중심화 : 다른 사람들의 관심이 자신에게 집중되어 있다고 믿는 내담자의 신념을 수정
한다.

| 기출문제 |

01 벡의 인지치료에서 인지적 오류의 4가지 유형을 쓰고 각각에 대해 간략히 설명하시오.

★★★ [140214, 110302, 110216, 100309]

☞ 모범답안

① 선택적 추상화 : 사건의 특정한 일부의 정보만 보고 전체의 의미를 해석하려는 오류

② 과잉 일반화 : 한두 번의 사건에 근거하여 일반적인 결론을 내리는 오류

③ 흑백논리 : 사건을 중간 지대 없이 흑 아니면 백으로 해석하려는 오류

④ 독심술 : 상대방의 마음을 전부 알고 있다고 착각하는 오류

02 실직하고 나서 '나는 무능하다.'는 부정적 사고가 떠올라 우울감에 빠진 내담자에게 벡의 인지 행동적 상담을 한다고 하자. 이 내담자의 부정적인 자동적 사고를 반박하고, 긍정적인 대안적 사고를 찾게 하기 위한 방법들에 대해 설명하시오.

★★ [060302, 020103, 010302]

☞ 모범답안

① 재귀인 : 상담자는 실직이 오로지 내담자의 무능력에서 비롯된 것인지 질문하며 실직의 모든 원인에 대해 검토하도록 요구할 수 있다.

② 재정의 : 상담자는 내담자에게 실직은 끝이 아닌 새로운 시작이라는 것을 스스로 깨닫도록 유도하며, 새로운 직업을 찾기 위해 노력할 필요가 있다는 사실을 인식시킨다.

③ 탈중심화 : '사회적 무능력자'라는 내담자의 부정적 시각에 대해 누구도 내담자에게 부정적인 인식을 가지고 있지 않다는 사실을 깨닫도록 돕는다.

03 벡의 인지적 오류에 의한 치료 절차를 설명하시오.

★★

☞ 모범답안

① 내담자로 하여금 자신의 사고가 무엇인지 자각하도록 돕는다.

② 내담자의 사고 중 왜곡된 부분이 무엇인지 확인한다.

③ 바람직한 인지 내용을 찾아 이를 학습하도록 돕는다.

④ 내담자의 인지적, 행동적 변화를 강화시킨다.

II 직업상담 기법

1 초기 면담

이론 스토리

내담자와 상담자가 처음 만나서 이야기를 하는 면담을 초기 면담이라고 한다. 초기 면담을 할 때 상담자는 내담자를 빠르고 정확하게 이해하기 위하여 몇 가지의 준비를 하게 된다.

① 면담 시작 전에 가능한 모든 사례 자료 검토하기
② 내담자의 직업상담에 대한 기대를 파악하기
③ 비밀 유지에 대한 설명 진행하기
④ 반드시 짚고 넘어가야 할 필수 질문 확인하기
⑤ 내담자의 초기 목표를 명확히 하기

또한 상담을 진행하기 위해서 상담자는 상담에 대한 기본 기술을 익혀 놓아야 하는데, 상담에 자주 사용되는 기법은 다음과 같다.

① 적극적 경청 : 관심을 가지고 상대방의 말을 듣고 생각과 감정을 이해하는 것
② 명료화 : 내담자의 말 중에서 모호한 부분을 내담자가 분명히 하는 것
③ 직면 : 내담자가 심리적 문제를 회피하려 할 때 그것에 맞닥뜨리는 기법
④ 공감 : 내담자의 감정을 거의 같은 수준으로 이해하는 기법
⑤ 해석 : 내담자가 직접 진술하지 않은 내용이나 개념을 그의 과거 경험이나 진술을 토대로 추론해서 말하는 기법

이 중 해석은 내담자의 감정이나 표정을 바탕으로 상담사가 내담자의 생각을 읽는 것이기 때문에 상담에서 잘못 사용하게 되면 주지화(감정을 인식하거나 표현하지 않기 위해 이성적인 면만 두드러지게 표현하거나 인식하는 방어기제)라는 방어기제를 유발시킬 수 있다. 그래서 해석을 할 때에 지켜야 할 몇 가지의 제한점이 있다.

① 해석은 일반적 지침을 따르고 내담자의 문제에 예민한 감각을 갖도록 한다.
② 해석 때문에 내담자가 자신의 상황을 지나치게 주지화시키지 않도록 한다.

이렇게 기본 기술까지 익히고 나면 상담사는 본격적인 상담에 들어가게 된다. 내담자가 상담

실에 들어왔을 때 상담사는 내담자의 정보에 집중할 것인가 내담자와의 관계 형성에 집중할 것인가에 따라서 개방형 질문을 택할 것인지 폐쇄형 질문을 택할 것인지를 결정할 수 있다.

① 폐쇄형 질문은 예, 아니오의 단순한 답변을 요구하는 질문으로 내담자에 대한 많은 정보의 획득이 가능하나 촉진 관계의 형성을 어렵게 하는 질문법이다.
② 개방형 질문은 반응자가 자유롭게 자신의 의견을 나타내도록 하는 질문법으로 바람직한 촉진 관계의 형성이 가능한 반면, 내담자의 많은 정보를 획득하는 것이 어렵다는 단점을 지니고 있다.

또한 상담사는 내담자를 탐색하기 위한 질문을 하게 되는데, 이때 잘못된 질문은 내담자의 방어적 태도를 유발할 수 있으므로 유의할 필요가 있다. 내담자의 탐색적 질문 시 유의사항은 다음과 같다.

① 너무 이른 조언 : 내담자를 잘 알지 못하는 상태에서 조언을 할 경우 내담자는 상담자를 신뢰 하지 못한다.
② 가르치기 : 상담자의 가르치기는 내담자의 방어적 태도를 유발한다.
③ 지나친 질문 : 꼬투리를 잡는 질문은 내담자에게 추궁받는다는 느낌을 주어 방어적 태도를 유발시킨다.

상담사는 적절한 질문법을 통해서 내담자에 대한 기본 정보를 확인할 수 있다. 초기 면담에서는 내담자에 대한 기초 정보뿐만이 아니라 상담의 회기나 비용 등에 대한 약속이 이루어지는데, 이 과정을 구조화라고 한다. 상담자는 다음과 같은 내용에 대해 구조화를 할 수 있다.

① 상담 시간 및 비용에 대하여 명확히 밝힌다.
② 상담사는 내담자에게 설비를 파괴하거나 신체에 상해를 입힐 수 있는 행동을 미리 제한 시킨다.
③ 상담의 내용에 대해 노출하지 않겠다는 비밀 유지에 대한 구조화를 한다.

요약 · 정리

■ 초기 면담 시 유의사항

① 면담 시작 전에 가능한 모든 사례 자료 검토하기

② 내담자의 직업상담에 대한 기대를 파악하기

③ 비밀 유지에 대한 설명 진행하기

④ 반드시 짚고 넘어가야 할 필수 질문 확인하기

⑤ 내담자의 초기 목표를 명확히 하기

■ 상담자가 갖추어야 할 기본 기술

① 적극적 경청 : 관심을 가지고 상대방의 말을 듣고 생각과 감정을 이해하는 것

② 명료화 : 내담자의 말 중에서 모호한 부분을 분명히 하는 기법

③ 직면 : 내담자가 심리적 문제를 회피하려 할 때 그것에 맞닥뜨리는 기법

④ 공감 : 내담자의 감정을 거의 같은 수준으로 이해하는 기법

■ 해석의 제한점

① 해석은 일반적 지침을 따르고 내담자의 문제에 예민한 감각을 갖도록 한다.

② 해석 때문에 내담자가 자신의 상황을 지나치게 주지화시키지 않도록 한다.

■ 관계 지향적 면담

① 상담사 노출

② 유머

③ 공감

④ 반영

⑤ 재진술

■ 정보 지향적 면담

① 폐쇄형 질문 : 예, 아니요의 단순한 답변을 요구하는 질문으로 많은 정보의 획득이 가능하나 촉진 관계의 형성을 어렵게 한다.

② 개방형 질문 : 반응자가 자유롭게 자신의 의견을 나타내도록 하는 질문으로 바람직한 촉진 관계의 형성이 가능한 반면 많은 정보의 획득이 어렵다.

■ 탐색적 질문 시 유의점

① 너무 이른 조언 : 내담자를 잘 알지 못하는 상태에서 조언을 할 경우 내담자는 상담자를 신뢰하지 못한다.

② 가르치기 : 상담자의 가르치기는 내담자의 방어적 태도를 유발한다.

③ 지나친 질문 : 꼬투리를 잡는 질문은 내담자에게 추궁받는다는 느낌을 주어 방어적 태도를 유발시킨다.

■ 구조화

① 상담 시간 및 비용에 대하여 명확히 밝힌다.

② 상담사는 내담자에게 설비를 파괴하거나 신체에 상해를 입힐 수 있는 행동을 미리 제한시킨다.

③ 상담의 내용에 대해 노출하지 않겠다는 비밀 유지에 대한 구조화를 한다.

| 기출문제 |

01 상담자가 갖추어야 할 기본 기술인 적극적 경청, 공감, 명료화, 직면에 대해 설명하시오.

★★ [070117, 070116, 060105, 040306, 020304]

☞ 모범답안
① 적극적 경청 : 관심을 가지고 상대방의 말을 듣고 생각과 감정을 이해하는 것
② 명료화 : 내담자의 말 중에서 모호한 부분을 분명히 하는 것
③ 직면 : 내담자가 심리적 문제를 회피하려 할 때 그것에 맞닥뜨리는 기법
④ 공감 : 내담자의 감정을 거의 같은 수준으로 이해하는 기법

02 상담 시 구조화의 방법에 대해 설명하시오.

★★

☞ 모범답안
① 상담 시간 및 비용에 대하여 명확히 밝힌다.
② 상담사는 내담자에게 설비를 파괴하거나 신체에 상해를 입힐 수 있는 행동을 미리 제한시킨다.
③ 상담의 내용에 대해 노출하지 않겠다는 비밀 유지에 대한 구조화를 한다.

03 상담을 위한 면접에서 기본적으로 활용하는 방법인 '해석'을 하는 데 있어서 중요한 제한점을 2가지 기술하시오.

★★

☞ 모범답안
① 해석은 일반적 지침을 따르고 내담자의 문제에 예민한 감각을 갖도록 한다.
② 해석 때문에 내담자가 자신의 상황을 지나치게 주지화시키지 않도록 한다.

04 개방형 질문, 폐쇄형 질문을 설명하고 장단점에 대해 쓰시오.
　★ [030312]

☞ 모범답안
① 개방형 질문은 반응자가 자유롭게 자신의 의견을 나타내도록 하는 질문법으로 바람직한 촉진 관계의 형성이 가능한 반면, 내담자의 많은 정보를 획득하는 것이 어렵다는 단점을 지니고 있다.
② 폐쇄형 질문은 예, 아니오의 단순한 답변을 요구하는 질문으로 내담자에 대한 많은 정보의 획득이 가능하나 촉진 관계의 형성을 어렵게 하는 질문법이다.

05 내담자와의 초기 면담 수행 시 상담자가 유의해야 할 사항 5가지를 쓰시오.
　★ [070312]

☞ 모범답안
① 면담 시작 전에 가능한 모든 사례 자료 검토하기
② 내담자의 직업상담에 대한 기대를 파악하기
③ 비밀 유지에 대한 설명 진행하기
④ 반드시 짚고 넘어가야 할 필수 질문 확인하기
⑤ 내담자의 초기 목표를 명확히 하기

06 상담자가 자신의 관심을 충족시키기 위하는 질문이 아니라 내담자 스스로가 자신과 자신의 문제를 자유로이 탐색하도록 허용함으로써 내담자 자신의 이해를 증진시키는 탐색적 질문을 하는 과정에서 상담자가 유의해야 할 사항 3가지를 쓰시오.
　★★ [150114]

☞ 모범답안
① 너무 이른 조언 : 내담자를 잘 알지 못하는 상태에서 조언을 할 경우 내담자는 상담자를 신뢰하지 못한다.
② 가르치기 : 상담자의 가르치기는 내담자의 방어적 태도를 유발한다.
③ 지나친 질문 : 꼬투리를 잡는 질문은 내담자에게 추궁받는다는 느낌을 주어 방어적 태도를 유발시킨다.

2 생애 진로 사정

이론 스토리

상담사는 초기 면담 이후 내담자의 기초적인 정보를 얻기 위한 질적인 평가를 실시하게 되는데, 대표적인 기법이 생애 진로 사정이다. 생애 진로 사정을 통해 상담사와 내담자는 다음과 같은 3 가지의 정보를 확인할 수 있다.

① 내담자의 직업 경험과 교육 수준에 대한 정보를 알 수 있다.
② 내담자의 기술과 유능성에 대한 정보를 알 수 있다.
③ 내담자의 가치관과 자기 인식 정도를 알 수 있다.

생애 진로 사정은 크게 4가지의 구조로 이루어지게 되는데, 첫 번째는 진로 사정이다. 진로 사정을 통해 상담자는 내담자의 직업 경험 및 훈련, 여가활동을 통해 내담자가 좋아하거나 싫어하는 것을 파악할 수 있다. 그다음 전형적인 하루를 통해 내담자의 삶의 패턴이 의존적인지 독립적인지 또는 자발적인지 체계적인지를 파악할 수 있다. 그런 후 상담자는 내담자의 강점과 장애를 파악하여 내담자가 가지고 있는 강점은 개발하고 장애는 강점화시킬 수 있도록 한다. 생애 진로 사정의 끝 무렵에 상담자는 내담자에게 진로 사정의 내용을 요약하도록 함으로써 내담자의 가치관과 자기 인식에 대한 통찰을 얻도록 한다.

생애 진로 사정을 하다보면 내담자의 가치관에 영향을 끼치는 가족력이 있다는 것을 알게 되는 경우도 있는데, 이런 경우에는 직업가계도를 통해서 다음 2가지의 정보를 파악한다.

① 내담자의 직업 의식과 태도에 대한 가족력
② 내담자가 직업을 선택할 때 중요한 영향력을 미치는 인물

직업가계도는 내담자의 일가 친척의 직업을 도해로 표시한 것으로서 3대의 직업을 주로 표시한다. 생애 진로 사정을 하다보면 내담자가 유독 미래에 대해서 불분명하게 말하기도 하는데, 이때 미래에 대한 진로 인식 능력을 증진시키기 위해서 진로시간전망 검사를 실시하기도 한다.

진로시간전망 검사지의 용도는 크게 5가지로 활용된다.

① 미래에 대한 방향을 설정할 수 있도록 한다.
② 진로 선택에 대한 긍정적인 태도를 갖도록 한다.
③ 신속한 목표 설정을 촉구시킨다.
④ 내담자로 하여금 현재 행동과 미래의 결과를 연결시킨다.
⑤ 내담자의 진로 인식을 증진시킨다.

진로 시간을 전망하는 대표적인 기법으로는 코틀(Cottle)의 원형 검사가 있다. 코틀의 원형 검사는 내담자에게 과거와 현재, 미래의 삶을 원으로 표현하도록 함으로써 내담자에게 바람직한 방향을 제시해 주는 검사이다.

① 원의 의미 : 내담자의 과거, 현재, 미래를 상징한다.
② 원의 크기 : 시간 차원에 대한 상대적 친밀감을 의미한다.
③ 원의 배치 : 시간 차원들의 연관성을 나타낸다.

이때, 코틀은 3가지의 개입을 바탕으로 내담자에게 바람직한 미래관을 심어 주게 된다.

① 방향성 : 미래에 대한 낙관적인 입장을 구성하여 미래 지향성을 증진시킨다.
② 변별성 : 미래를 현실처럼 느끼게 하여 신속한 목표 설정이 이루어지도록 한다.
③ 통합성 : 현재 행동과 미래의 결과를 연결하여 진로 인식을 증진시킨다.

또한 직업 전환을 꿈꾸는 사람에게는 역할에 대한 검증을 통해서 제2의 인생설계를 어떻게 할지를 파악하기도 하는데, 이때 상담사는 상호 역할 관계를 사정할 수 있다.

상호 역할 관계 사정은 다음의 3가지의 용도로 활용되고 있다.

① 직업 계획에서 중요한 역할에 대한 인식을 높여 주는 자극제로서 쓰인다.
② 직업적응상담에서는 부정적인 영향을 주는 직업 전환을 피해갈 수 있도록 하는 수단으로서 쓰인다.
③ 생애계획에서는 잠재적으로 보완적인 역할이 무엇인지 찾아내는 수단으로서 쓰인다.

■ 생애 진로 사정

(1) 의미 : 내담자에 대한 가장 기초적인 정보를 얻을 수 있는 질적인 평가 기법

(2) 구조

　① 진로 사정

　　㉠ 직업 경험

　　㉡ 교육 경험 또는 훈련 경험

　　㉢ 여가활동

　② 전형적인 하루

　　㉠ 의존적 또는 독립적

　　㉡ 자발적 또는 체계적(규칙적)

　③ 강점과 장애

　④ 요약

(3) 알 수 있는 정보

　① 내담자의 직업 경험과 교육 수준에 대한 정보를 알 수 있다.

　② 내담자의 기술과 유능성에 대한 정보를 알 수 있다.

　③ 내담자의 가치관과 자기 인식 정도를 알 수 있다.

■ 직업가계도

(1) 의미 : 내담자의 일가 친척의 직업을 도해로 표시하는 것

(2) 활용

　① 내담자의 직업의식과 태도에 대한 가족력을 분석

　② 내담자가 직업을 선택할 때 중요한 영향력을 미치는 인물이 누구인지를 파악

■ 코틀의 진로시간전망 검사(원형 검사)

(1) 원형 검사의 내용

　① 방향성 : 미래에 대한 낙관적인 입장을 구성하여 미래 지향성을 증진시킨다.

　② 변별성 : 미래를 현실처럼 느끼게 하여 신속한 목표 설정이 이루어지도록 한다.

　③ 통합성 : 현재 행동과 미래의 결과를 연결하여 진로 인식을 증진시킨다.

(2) 진로시간전망 검사지의 용도

　① 미래에 대한 방향을 설정할 수 있도록 한다(방향성).

　② 진로 선택에 대한 긍정적인 태도를 갖도록 한다(방향성).

　③ 신속한 목표 설정을 촉구시킨다(변별성).

　④ 내담자로 하여금 현재 행동과 미래의 결과를 연결시킨다(통합성).

　⑤ 내담자의 진로 인식을 증진시킨다(통합성).

(3) 원의 내용

　① 원의 의미 : 내담자의 과거, 현재, 미래를 상징한다.

　② 원의 크기 : 시간 차원에 대한 상대적 친밀감을 의미한다.

　③ 원의 배치 : 시간 차원들의 연관성을 나타낸다.

■ 상호역할관계 사정의 용도

　① 직업 계획에서 중요한 역할에 대한 인식을 높여 주는 자극제로서 쓰인다.

　② 직업적응상담에서는 부정적인 영향을 주는 직업 전환을 피해갈 수 있도록 하는 수단으로서 쓰인다.

　③ 생애 계획에서는 잠재적으로 보완적인 역할이 무엇인지 찾아내는 수단으로서 쓰인다.

| 기출문제 |

01 생애 진로 사정의 평가 의미와 그로 인해 알 수 있는 정보 3가지를 쓰시오.

★★ [140116, 100318]

☞ 모범답안

(1) 의미 : 내담자에 대한 가장 기초적인 정보를 얻을 수 있는 질적인 평가 기법
(2) 알 수 있는 정보
　① 내담자의 직업 경험과 교육 수준에 대한 정보를 알 수 있다.
　② 내담자의 기술과 유능성에 대한 정보를 알 수 있다.
　③ 내담자의 가치관과 자기 인식 정도를 알 수 있다.

02 생애 진로 사정(Life Career Assessment, LCA)의 구조 4가지와 이를 통해 알 수 있는 정보 3가지를 쓰시오.

★★ [110206, 090104]

☞ 모범답안

(1) 구조
　① 진로 사정
　② 전형적인 하루
　③ 강점과 장애
　④ 요약
(2) 알 수 있는 정보
　① 내담자의 직업 경험과 교육 수준에 대한 정보를 알 수 있다.
　② 내담자의 기술과 유능성에 대한 정보를 알 수 있다.
　③ 내담자의 가치관과 자기인식 정도를 알 수 있다.

03 진로시간전망 검사 중 코틀의 원형 검사에서 시간전망 개입의 3가지 측면을 쓰고 각각에 대해 설명하시오.

★★ [140118, 110104]

☞ 모범답안

① 방향성 : 미래에 대한 낙관적인 입장을 구성하여 미래 지향성을 증진시킨다.
② 변별성 : 미래를 현실처럼 느끼게 하여 신속한 목표 설정이 이루어지도록 한다.
③ 통합성 : 현재 행동과 미래의 결과를 연결하여 진로 인식을 증진시킨다.

04 생애 진로 사정 시 사용되는 직업가계도의 의미와 활용에 대해 설명하시오.
★★ [070305, 030310]

☞ **모범답안**

(1) 의미 : 가족의 직업을 도표로 나타내어 직업에서의 가족력을 알아내는 방법
(2) 활용
　　① 내담자의 직업 의식과 태도에 대한 가족력을 분석하고
　　② 내담자가 직업을 선택할 때 중요한 영향력을 미치는 인물이 누구인지를 파악할 수 있도록 한다.

05 상호 역할 관계 사정의 방법을 3가지 쓰고 설명하시오.
★★ [150305, 140313]

☞ **모범답안**

① 직업계획에서 중요한 역할에 대한 인식을 높여 주는 자극제로서 쓰인다.
② 직업적응상담에서는 부정적인 영향을 주는 직업 전환을 피해갈 수 있도록 하는 수단으로서 쓰인다.
③ 생애계획에서는 잠재적으로 보완적인 역할이 무엇인지 찾아내는 수단으로서 쓰인다.

06 진로시간전망의 용도 5가지를 쓰시오.
★★ [150214]

☞ **모범답안**

① 미래에 대한 방향을 설정할 수 있도록 한다.
② 진로 선택에 대한 긍정적인 태도를 갖도록 한다.
③ 신속한 목표 설정을 촉구시킨다.
④ 내담자로 하여금 현재 행동과 미래의 결과를 연결시킨다.
⑤ 내담자의 진로 인식을 증진시킨다.

07 원형 검사 시간전망 개입에서 원의 의미, 원의 크기, 원의 배치를 설명하시오.
★★ [150311]

☞ **모범답안**

① 원의 의미 : 내담자의 과거, 현재, 미래를 상징한다.
② 원의 크기 : 시간 차원에 대한 상대적 친밀감을 의미한다.
③ 원의 배치 : 시간 차원들의 연관성을 나타낸다.

3 구조화된 면담법

생애진로사정 이후 상담사는 본격적인 면담을 실시하게 된다. 이때 면담 실시 전 내담자의 인지적 명확성에 대해서 조사 후 개인상담을 할지, 직업상담을 할지를 결정하는데 인지적 명확성의 부족의 유형은 다음과 같다.

① 단순 오정보
② 복잡한 오정보
③ 강박적 사고
④ 양면적 사고
⑤ 가정된 불가능성
⑥ 구체성의 결여

　인지적으로 명확하고 동기가 충분한 내담자를 대상으로 직업상담을 진행하게 된다. 직업상담 진행 시 가장 먼저 내담자의 진로성숙도를 파악하는데, 내담자의 진로성숙도를 파악하는 검사는 크게 진로발달검사와 진로성숙검사 및 진로신념검사가 있다. 진로발달검사는 슈퍼의 검사로, 내담자의 발달 정도를 측정하는 검사이며 진로신념 검사는 크롬볼츠의 검사로, 내담자의 자기관찰 일반화와 세계관 일반화의 수준을 알아보는 검사이다. 마지막으로 진로성숙검사는 크라이티스가 개발한 검사로 진로 태도와 능력을 바탕으로 내담자의 진로성숙도를 측정하고자 한 검사이다.

① 진로발달검사(Career Development Inventory, CDI)
② 진로신념검사(Career Beliefs Inventory, CBI)
③ 진로성숙검사(Career Maturity Inventory, CMI)
　• 태도척도 : 결정성, 참여도, 독립성, 성향, 타협성
　• 능력척도 : 자기 평가, 직업 정보, 목표 선정, 계획, 문제 해결

　진로성숙도 검사에서 자기이해가 부족한 내담자를 위해서 다양한 직업상담 사정을 실시하게 된다. 대표적인 사정으로 가치사정이 있다.
　직업상담에서 가치를 사정하는 이유는 직업 선택에 기준을 제공하기 때문이다. 가치는 사람마다 그 기준이 다르기 때문에 주로 자기보고식 기법으로 사정한다.

　① 체크 목록 가치에 순위 매기기
　② 존경하는 인물 기술하기
　③ 과거의 선택 회상하기

④ 절정 경험 조사하기

⑤ 백일몽 말하기

⑥ 자유 시간과 금전의 사용

성격 사정의 경우 성격의 문제를 진단하는 진단 검사와 선호하는 성격이 무엇인지를 알아보기 위한 비진단 검사로 나뉘어진다. 진단 검사의 대표적인 것은 MMPI로 크게 문제를 진단하는 임상척도(우울증, 강박증, 히스테리 등)와 피검자가 검사를 잘 측정하는지를 알아보기 위한 타당도 척도로 구성이 되며, 타당도 척도만이 시험에 출제되고 있다.

① ?척도 : 아예 무응답을 하거나, 이중으로 응답한 문항을 바탕으로 검사자의 태도를 측정하는 척도

② L척도 : 자신을 좋게 보이게 하는 부정직의 척도

③ F척도 : 보통 사람들의 생각과 얼마나 다른지를 나타내고자 하는 척도

④ K척도 : 비정상임에도 불구하고 정상 프로파일을 보이는 사람들을 걸러내기 위한 척도

비진단 검사의 대표적인 검사는 MBTI로 MBTI는 인간의 성격을 크게 4가지 지표로 나누고 있다.

① 에너지의 방향 ┌ 외향형(Extraversion) : 에너지가 외부로 발산되는 것을 선호
　　　　　　　└ 내향형(Introversion) : 에너지가 내부로 집중되는 것을 선호

② 정보 수집 능력 ┌ 감각형(Sensation) : 정보를 오감을 통해 수집하는 것을 선호
　　　　　　　└ 직관형(iNtuition) : 정보를 육감을 통해 수집하는 것을 선호

③ 판단양식 ┌ 사고형(Thinking) : 이성적이고 합리적으로 판단과 결정을 하는 것을 선호
　　　　　└ 감정형(Feeling) : 가치와 인간을 중심으로 판단과 결정을 하는 것을 선호

④ 생활양식 ┌ 판단형(Judging) : 체계적이고 조직적으로 생활하는 것을 선호
　　　　　└ 인식형(Perceiving) : 자율적이고 융통적으로 생활하는 것을 선호

또 다른 대표적인 성격검사는 BIG5로 직업선호도검사의 중요한 성격 척도로서 사용되고 있으며, BIG5에서는 5가지 요인으로 성격을 측정하고 있다.

① 외향성 : 타인과 상호 관계를 맺고자 하는 정도

② 호감성 : 타인을 편하게 느끼는 정도

③ 성실성 : 규범과 규칙을 기꺼이 지키려는 정도

④ 정서적 불안정성 : 정서적으로 얼마나 안정되어 있는지를 나타내는 정도

⑤ 경험에 대한 개방성 : 경험에 대한 추구 및 포용력의 정도

상담자가 내담자의 흥미를 사정하기 위해서 상담자는 검사 또는 질적인 평가 기법을 사용하기도 한다. 흥미검사는 직업상담 분야에서 그 연구가 가장 활발히 진행되어 다양한 검사를 지니고 있다.

① 직업선호도검사 : 홀랜드의 육각 모형을 기준으로 흥미를 조사하는 검사
② 스트롱흥미검사 : 일반직업분류와 기본흥미척도, 개인특성척도를 통해 흥미를 조사하는 검사
　• 일반직업분류 : RIASEC를 통해 내담자의 흥미를 구분하는 척도
　• 기본흥미척도 : 특정 활동과 주제에 대한 흥미도를 측정하는 척도
　• 개인특성척도 : 개인이 선호하고 편안하게 느끼는 활동을 측정하는 척도
③ 스트롱-캠밸 흥미검사
④ 쿠더의 흥미검사
⑤ 잭슨의 흥미검사

슈퍼(Super)는 이렇게 검증된 검사를 통해 흥미를 사정하는 방법을 조사된 흥미라고 표현하였다.

이외에도 흥미를 사정하기 위해서는 다양한 평가 기법을 사용하는데, 대표적인 것이 직업카드 분류법 및 슈퍼의 흥미 사정 기법이다.

① 슈퍼의 표현된 흥미와 조작된 흥미 : 어떤 활동이나 직업에 대해 좋고 싫음을 말하도록 요청하여 흥미를 사정하거나 어떤 상황을 조작해 놓고 일정 시간 관찰하여 흥미를 사정하는 기법
② 직업카드 분류법 : 내담자에게 직업카드를 주고 직업을 선호군, 혐오군, 미결정군으로 분류시키면서 흥미를 사정하는 기법

상담사는 내담자의 이해를 돕기 위하여 적성검사를 측정하기도 하며, 적성검사는 주로 성인용 직업적성검사인 GATB를 활용한다. GATB에서는 인간의 적성을 총 9가지(지능, 언어능력, 수리능력, 형태지각, 수리지각, 공간적성, 운동 협응, 손 재치, 손가락 재치)로 구분해서 제공하고 있다. 이 중, 대표적인 3가지 적성은 다음과 같다.

① 지능 : 일반적인 학습능력을 나타낸다.
② 언어능력 : 언어의 뜻과 개념을 이해하고 사용하는 능력을 나타낸다.
③ 수리능력 : 빠르고 정확하게 계산하는 능력을 나타낸다.

이외에 내담자를 평가하기 위한 질적인 측정 도구가 존재한다.

① 자기효능감 측정 : 어떤 수준의 과제를 수행할 수 있는 능력에 대한 자신감을 측정하는 도구
② 직업카드 분류법 : 내담자에게 직업카드를 주고 직업을 선호군, 혐오군, 미결정군으로 분류시키면서 흥미를 사정하는 기법

③ 직업가계도 : 직업과 관련된 내담자의 가계력을 바탕으로 내담자의 직업 의식과 가족의 영
   향력을 분석하는 기법

④ 역할극 : 내담자에게 가상 상황을 제시하여 사회적 기술들을 측정하는 기법

요약 · 정리

■ 가치 사정 기법(자기 보고식 기법)

① 자유 시간과 금전의 사용

② 백일몽 말하기

③ 과거의 선택 회상하기

④ 절정 경험 조사하기

⑤ 체크 목록 가치에 순위 매기기

⑥ 존경하는 인물 기술하기

■ 성격 사정하기

1) 비진단 검사

(1) MBTI

① 에너지의 방향 ┌ 외향형(Extraversion) : 에너지가 외부로 발산되는 것을 선호
            └ 내향형(Introversion) : 에너지가 내부로 집중되는 것을 선호

② 정보수집 능력 ┌ 감각형(Sensation) : 정보를 오감을 통해 수집하는 것을 선호
            └ 직관형(iNtuition) : 정보를 육감을 통해 수집하는 것을 선호

③ 판단양식 ┌ 사고형(Thinking) : 이성적이고 합리적으로 판단과 결정을 하는 것을 선호
        └ 감정형(Feeling) : 가치와 인간을 중심으로 판단과 결정을 하는 것을 선호

④ 생활양식 ┌ 판단형(Judging) : 체계적이고 조직적으로 생활하는 것을 선호
        └ 인식형(Perceiving) : 자율적이고 융통적으로 생활하는 것을 선호

(2) BIG 5

① 외향성 : 타인과 상호 관계를 맺고자 하는 정도

② 호감성 : 타인을 편하게 느끼는 정도

③ 성실성 : 규범과 규칙을 기꺼이 지키려는 정도

④ 정서적 불안정성 : 정서적으로 얼마나 안정되어 있는지를 나타내는 정도

⑤ 경험에 대한 개방성 : 경험에 대한 추구 및 포용력의 정도

2) 진단 검사(MMPI의 타당도 척도)

① ?척도 : 아예 무응답을 하거나, 이중으로 응답한 문항을 바탕으로 검사자의 태도를 측정하는 척도

② L척도 : 자신을 좋게 보이게 하는 부정직의 척도

③ F척도 : 보통 사람들의 생각과 얼마나 다른지를 나타내고자 하는 척도

④ K척도 : 비정상임에도 불구하고 정상 프로파일을 보이는 사람들을 걸러내기 위한 척도

■ 흥미 사정하기

1) 흥미검사

(1) 직업선호도검사 : 홀랜드의 육각 모형을 기준으로 흥미를 조사하는 검사

(2) 스트롱흥미검사 : 일반직업분류와 기본흥미척도, 개인특성척도를 통해 흥미를 조사하는 검사

  ① 일반직업분류 : RIASEC를 통해 내담자의 흥미를 구분하는 척도

  ② 기본흥미척도 : 특정 활동과 주제에 대한 흥미도를 측정하는 척도

  ③ 개인특성척도 : 개인이 선호하고 편안하게 느끼는 활동을 측정하는 척도

(3) 스트롱-캠벨 흥미검사

(4) 쿠더의 흥미검사

(5) 잭슨의 흥미검사

  ┗→ 슈퍼의 조사된 흥미 : 표준화된 검사를 통해 흥미를 조사하는 기법

2) 흥미 사정

① 슈퍼의 표현된 흥미와 조작된 흥미 : 어떤 활동이나 직업에 대해 좋고 싫음을 말하도록 요청하여 흥미를 사정하거나 어떤 상황을 조작해 놓고 일정 시간 관찰하여 흥미를 사정하는 기법

② 직업카드 분류법 : 내담자에게 직업카드를 주고 직업을 선호군, 혐오군, 미결정군으로 분류시키면서 흥미를 사정하는 기법

■ 적성 사정하기 - GATB 하위 척도

① 지능 : 일반적인 학습능력을 나타낸다.

② 언어능력 : 언어의 뜻과 개념을 이해하고 사용하는 능력을 나타낸다.

③ 수리능력 : 빠르고 정확하게 계산하는 능력을 나타낸다.

■ 진로성숙도검사

① 진로발달검사(CDI)

② 진로성숙검사(CMI)

- 태도척도 : 결정성, 참여도, 독립성, 성향, 타협성
- 능력척도 : 자기 평가, 직업 정보, 목표 선정, 계획, 문제 해결

③ 진로신념검사(CBI)

■ 각 검사의 목표(용도)

공통 목표
① 자기 인식 능력 증진
② 직업적, 교육적 불만족 규명

흥미 사정 목표 :
- 여가 선호와 직업 선호 규명
- 직업 대안 규명하기
- 직업 탐색 조장하기

성격 사정 목표 :
선호하는 일과 환경 조사

가치사정 목표 :
직업선택 기준 제공

■ 내담자 이해를 위한 질적 측정 도구

① 자기효능감 측정 : 어떤 수준의 과제를 수행할 수 있는 능력에 대한 자신감을 측정하는 도구

② 직업카드 분류법 : 내담자에게 직업카드를 주고 선호군, 혐오군, 미결정군으로 분류시키면서 흥미를 사정하는 기법

③ 직업가계도 : 직업과 관련된 내담자의 가계력을 바탕으로 내담자의 직업 의식과 가족의 영향력을 분석하는 기법

| 기출문제 |

01 내담자의 흥미 사정 기법을 3가지만 쓰고 각각에 대해 설명하시오.

★★★ [140106, 130302, 100212, 090220]

☞ **모범답안**

① 스트롱흥미검사 : 일반직업분류와 기본흥미척도, 개인특성척도를 통해 흥미를 조사하는 검사

② 슈퍼의 표현된 흥미와 조작된 흥미 : 어떤 활동이나 직업에 대해 좋고 싫음을 말하도록 요청하여 흥미를 사정하거나 어떤 상황을 조작해 놓고 일정 시간 관찰하여 흥미를 사정하는 기법

③ 직업카드 분류법 : 내담자에게 직업카드를 주고 직업을 선호군, 혐오군, 미결정군으로 분류시키면서 흥미를 사정하는 기법

02 '자기보고식 가치 사정하기'에서 가치 사정법 6가지를 쓰시오.

★★ [120310, 110117, 100311]

☞ **모범답안**

① 체크 목록 가치에 순위 매기기

② 존경하는 인물 기술하기

③ 과거의 선택 회상하기

④ 절정 경험 조사하기

⑤ 백일몽 말하기

⑥ 자유 시간과 금전의 사용

03 스트롱 직업흥미검사의 척도를 3가지 쓰고 각각에 대해 간략히 설명하시오.

★★ [140215, 110108, 090314]

☞ **모범답안**

① 일반직업분류 : RIASEC를 통해 내담자의 흥미를 구분하는 척도

② 기본흥미척도 : 특정 활동과 주제에 대한 흥미도를 측정하는 척도

③ 개인특성척도 : 개인이 선호하고 편안하게 느끼는 활동을 측정하는 척도

04 CMI의 능력척도 3가지를 쓰시오.

★★ [150301, 150211, 130309, 090208]

☞ **모범답안**

① 자기 평가
② 직업 정보
③ 목표 선정

05 CMI는 태도척도와 능력척도로 구분된다. 태도척도와 능력척도의 측정 내용을 각각 3가지씩 쓰시오.

★★

☞ **모범답안**

① 태도척도 : 결정성, 참여도, 독립성, 성향, 타협성
② 능력척도 : 자기 평가, 직업 정보, 목표 선정, 계획, 문제 해결

06 MMPI의 타당성 척도에 대해 설명하시오.

★★ [100412, 090117, 020107]

☞ **모범답안**

① ?척도 : 아예 무응답을 하거나, 이중으로 응답한 문항을 바탕으로 검사자의 태도를 측정하는 척도
② L척도 : 자신을 좋게 보이게 하는 부정직의 척도
③ F척도 : 보통 사람들의 생각과 얼마나 다른지를 나타내고자 하는 척도
④ K척도 : 비정상임에도 불구하고 정상 프로파일을 보이는 사람들을 걸러내기 위한 척도

07 고용노동부 성격검사는 성격의 5요인 모델에 근거하고 있다. 5요인을 열거하고 각 요인을 간단히 설명하시오.

★★ [060106, 010307]

☞ **모범답안**

① 외향성 : 타인과 상호관계를 맺고자 하는 정도
② 호감성 : 타인을 편하게 느끼는 정도
③ 성실성 : 규범과 규칙을 기꺼이 지키려는 정도
④ 정서적 불안정성 : 정서적으로 얼마나 안정되어 있는지를 나타내는 정도
⑤ 경험에 대한 개방성 : 경험에 대한 추구 및 포용력의 정도

08 마이어스−브릭스 유형 지표(MBTI)는 자기보고식의 강제 선택 검사이다. 이 검사에서 나타나는 4가지 양극 차원의 선호 부분에 대해 쓰시오.

★★ [130106, 090216]

☞ **모범답안**

① 에너지의 방향 ┌ 외향형(Extraversion) : 에너지가 외부로 발산되는 것을 선호
　　　　　　　 └ 내향형(Introversion) : 에너지가 내부로 집중되는 것을 선호

② 정보 수집 능력 ┌ 감각형(Sensation) : 정보를 오감을 통해 수집하는 것을 선호
　　　　　　　　 └ 직관형(iNtuition) : 정보를 육감을 통해 수집하는 것을 선호

③ 판단양식 ┌ 사고형(Thinking) : 이성적이고 합리적으로 판단과 결정을 하는 것을 선호
　　　　　 └ 감정형(Feeling) : 가치와 인간을 중심으로 판단과 결정을 하는 것을 선호

④ 생활양식 ┌ 판단형(Judging) : 체계적이고 조직적으로 생활하는 것을 선호
　　　　　 └ 인식형(Perceiving) : 자율적이고 융통적으로 생활하는 것을 선호

09 일반직업적성검사(GATB)의 내용을 3가지 쓰고 설명하시오.

★★ [150104]

☞ **모범답안**

① 지능 : 일반적인 학습능력을 나타낸다.
② 언어능력 : 언어의 뜻과 개념을 이해하고 사용하는 능력을 나타낸다.
③ 수리능력 : 빠르고 정확하게 계산하는 능력을 나타낸다.

10 내담자의 흥미를 사정하는 목적 5가지만 쓰시오.

★★ [150205, 120213]

☞ **모범답안**

① 자기 인식 능력 증진
② 직업적, 교육적 불만족 규명
③ 여가 선호와 직업 선호 규명
④ 직업 대안 규명하기
⑤ 직업 탐색 조장하기

11 성격 사정의 목표를 3가지 쓰시오.
  ★★ [140216]

☞ **모범답안**
① 자기 인식 능력 증진
② 직업적, 교육적 불만족 규명
③ 선호하는 일과 환경 조사

12 직업상담 시 내담자 이해를 위한 질적 측정 도구 3가지를 쓰고 설명하시오.
  ★ [130215]

☞ **모범답안**
① 자기효능감 측□ : 어떤 수준의 과제를 수행할 수 있는 능력에 대한 자신감을 측정하는 도구
② 직업카드 분류법 : 내담자에게 직업카드를 주고 직업을 선호군, 혐오군, 미결정군으로 분류시키면서 흥미를 사정하는 기법
③ 직업가계도 : 직업과 관련된 내담자의 가계력을 바탕으로 내담자의 직업의식과 가족의 영향력을 분석하는 기법

13 직업흥미도 검사에서 평균 100점, 표준편차 20점인 A의 검사 결과를 해석하시오.
  ★ [070112, 010108]

직업군	기계기술	전문연구	생물의료	대인사회	창작예술	사무	서비스	수공기능
표준점수	92	76	78	121	139	99	122	105

☞ **모범답안**
① 흥미검사 중 창작예술이 139로 높고 서비스와 대인사회 점수는 다소 높게 나타났다. 이것으로 보아 이 내담자의 유형은 AS라고 볼 수 있다.
② A유형의 경우 상상과 창조적인 활동을 선호하며, S유형은 사람들과 함께 일하는 것을 좋아한다.
③ 이러한 AS유형에 적합한 직업은 배우, 디자이너 등이다.

14 흥미검사는 특정 직업 활동에 대한 호오나 선호를 측정하기 위해 만들어진 것이다. 현재 사용할 수 있는 흥미검사의 종류 5가지만 쓰시오.

★ [120205]

☞ 모범답안
① 직업선호도검사
② 스트롱흥미검사
③ 스트롱–캠밸 흥미검사
④ 쿠더의 흥미검사
⑤ 잭슨의 흥미검사

15 가치 사정의 용도를 3가지 쓰시오.

★ [110210]

☞ 모범답안
① 자기 인식 능력 증진
② 직업적, 교육적 불만족 규명
③ 직업 선택 기준 제공

4 직업정보와 대안 탐색

이론 스토리

구조화된 면담으로 자기 이해가 끝나게 되면 상담자와 내담자는 면담 자료를 바탕으로 대안 개발과 의사 결정을 위한 준비를 하게 된다. 이때, 상담자는 가장 먼저 직업분류체계를 제공하게 되며, 그다음 내담자와 함께 대안 직업들에 대한 광범위한 목록을 작성하게 된다. 그 이후 상담자와 내담자는 대안 목록을 선택하여 2~5개의 대안만을 남겨 놓게 되는데, 대안 선택 시 내담자는 다음의 4가지의 과제를 반드시 달성해야 한다.

① 한 가지 선택을 하도록 준비시키기
② 직업들을 평가하기
③ 한 가지의 직업 선택하기
④ 선택 조건에 이르기

내담자는 이렇게 줄어든 목록 각각의 대안들에 관한 정보를 수집하게 되고, 수집된 정보를 바탕으로 진로 의사 결정을 내리게 된다.

요약 · 정리

■ 직업정보와 대안 탐색

① 직업 분류 제시하기
② 대안 만들기 → 대안 선택 시 내담자가 달성해야 할 과제 → ① 한 가지 선택을 하도록 준비시키기
③ 목록 줄이기　　② 직업들을 평가하기
④ 직업정보 수집　　③ 한 가지의 직업 선택하기
　　　　　　　　　④ 선택 조건에 이르기

| 기출문제 |

01 직업 대안 선택하기 중 대안 선택 단계에서 내담자가 달성해야 할 과제 4가지를 기술하시오.
★ [130217]

☞ **모범답안**

① 한 가지 선택을 하도록 준비시키기
② 직업들을 평가하기
③ 한 가지의 직업 선택하기
④ 선택 조건에 이르기

02 직업 정보 수집 과정 4단계를 쓰시오.
★ [090202]

☞ **모범답안**

① 직업 분류 제시하기
② 대안 만들기
③ 목록 줄이기
④ 직업 정보 수집

5 내담자의 정보 및 행동에 대한 이해와 해석

이론 스토리

기즈버스와 무어(Gysbers & Moore)는 직업상담을 함에 있어서 내담자의 정보 및 행동에 대한 이해와 해석을 위한 9가지 이론을 만들었다. 그중 몇 가지 이론을 제시하면 다음과 같다.

① 가정 사용하기 : 내담자가 '이미 그러했을 것이다'라는 가정하에 질문을 하는 기법

② 왜곡된 사고 확인하기 : 내담자의 잘못된 생각에 집중하여 상담하는 기법

③ 변명에 초점 맞추기 : 내담자가 문제를 회피하기 위한 변명을 할 때, 그 변명에 주의를 기울여 상담하는 기법

④ 전이된 오류 정정하기 : 내담자가 가지고 있는 오류를 파악하여 정정하도록 하는 기법으로 총 3가지 오류로 구성되어 있다.

- 정보의 오류 : 직업세계에 대해 충분한 정보를 알고 있다고 잘못 생각하는 경우에 생기는 오류
- 한계의 오류 : 예외를 인정하지 않거나, 불가능을 가정하거나, 어쩔 수 없음을 가정할 때 생기는 오류
- 논리적 오류 : 내담자가 논리적으로 맞지 않는 진술을 함으로써 의사소통까지 방해하는 오류

이외에도 분류 및 재구성하기, 저항감 재인식 및 다루기, 의미 있는 질문 및 지시 사용하기, 근거 없는 믿음 확인하기, 반성의 장 마련하기가 있다.

요약 · 정리

① 가정 사용하기 : 내담자가 '이미 그러했을 것이다.'라는 가정하에 질문을 하는 기법

② 왜곡된 사고 확인하기 : 내담자의 잘못된 생각에 집중하여 상담하는 기법

③ 변명에 초점 맞추기 : 내담자가 문제를 회피하기 위한 변명을 할 때, 그 변명에 주의를 기울여 상담하는 기법

④ 전이된 오류 정정하기

- 정보의 오류 : 직업세계에 대해 충분한 정보를 알고 있다고 잘못 생각하는 경우에 생기는 오류

- 한계의 오류 : 예외를 인정하지 않거나, 불가능을 가정하거나, 어쩔 수 없음을 가정할 때 생기는 오류
- 논리적 오류 : 내담자가 논리적으로 맞지 않는 진술을 함으로써 의사 소통까지 방해하는 오류

⑤ 의미 있는 질문 및 지시 사용하기

⑥ 분류 및 재구성하기

⑦ 저항감 재인식하기 및 다루기

⑧ 근거 없는 믿음 확인하기

⑨ 반성의 장 마련하기

| 기출문제 |

01 내담자의 정보 및 행동에 대한 이해 기법 중 가정 사용하기, 왜곡된 사고 확인하기, 변명에 초점 맞추기에 대해 간략히 설명하시오.

★★★ [160102, 130103, 120101, 110109, 100106, 070311, 070114]

☞ **모범답안**

① 가정 사용하기 : 내담자가 '이미 그러했을 것이다'라는 가정하에 질문을 하는 기법

② 왜곡된 사고 확인하기 : 내담자의 잘못된 생각에 집중하여 상담하는 기법

③ 변명에 초점 맞추기 : 내담자가 문제를 회피하기 위한 변명을 할 때, 그 변명에 주의를 기울여 상담하는 기법

02 내담자와 관련된 정보를 수집하고 내담자의 행동을 이해, 해석하는 데 기본이 되는 상담 기법 6가지를 쓰시오.

★★★

☞ **모범답안**

① 가정 사용하기

② 왜곡된 사고 확인하기

③ 변명에 초점 맞추기

④ 전이된 오류 정정하기

⑤ 분류 및 재구성하기

⑥ 근거 없는 믿음 확인하기

03 내담자의 정보 및 행동에 대한 이해와 관련하여 전이된 오류의 유형 3가지를 쓰고 각각에 대해 간략히 설명하시오.

★★ [140206]

☞ **모범답안**

① 정보의 오류 : 직업세계에 대해 충분한 정보를 알고 있다고 잘못 생각하는 경우에 생기는 오류

② 한계의 오류 : 예외를 인정하지 않거나, 불가능을 가정하거나, 어쩔 수 없음을 가정할 때 생기는 오류

③ 논리적 오류 : 내담자가 논리적으로 맞지 않는 진술을 함으로써 의사소통까지 방해하는 오류

III 개인상담

1 개인상담의 단계

요약 · 정리

① 관계 형성

② 진단 및 측정

③ 목표 설정 – 목표 설정의 원칙

> 목표는 실현 가능해야 한다.
>
> 목표는 구체적이어야 한다.
>
> 목표는 변화 가능해야 한다.
>
> 목표는 내담자가 원하고 바라는 것이어야 한다.
>
> 목표는 상담자의 기술과 양립 가능해야 한다.

④ 개입(중재)

⑤ 평가

| 기출문제 |

01 직업상담의 5단계를 쓰시오.
★★ [090111, 000303]

☞ **모범답안**
① 관계 형성
② 진단 및 측정
③ 목표 설정
④ 개입(중재)
⑤ 평가

02 취업면접을 위해 흡연을 줄이려는 내담자의 상담 목표를 설정하고, 그 목표의 선정 원리를 3가지 쓰시오.
★★ [150218, 070108]

☞ **모범답안**
(1) 상담 목표 : 취업이 되기 전까지 3일에 한 개비씩 담배를 줄여 나간다.
(2) 목표의 선정 원리
　① 목표는 구체적이어야 한다.
　② 목표는 실현 가능해야 한다.
　③ 목표는 변화 가능해야 한다.

03 상담 목표를 설정할 때 고려해야 할 사항 4가지를 설명하시오.
★★

☞ **모범답안**
① 목표는 구체적이어야 한다.
② 목표는 실현 가능해야 한다.
③ 목표는 변화 가능해야 한다.
④ 목표는 내담자가 원하고 바라는 것이어야 한다.

2 상담의 목적 및 목표

이론 스토리

상담이 달성해야 할 목표는 크게 5가지이다. 상담자는 내담자와 상담을 통해 내담자가 바람직한 행동을 할 수 있도록 행동의 변화를 촉진시킨다. 또한 내담자가 가지고 있는 잘못된 신념이나 걱정을 덜도록 도와줌으로써 정신건강을 증진시킬 수 있도록 한다. 내담자는 상담을 통해 개인적 문제의 효율성을 증진시킬 수 있으며, 의사 결정 능력을 향상시킴으로써 문제를 해결하도록 할 수 있다.

이때, 상담 중 직업상담이 나아가야 할 방향이 몇 가지가 있다. 내담자와 상담자는 직업상담을 통해 무엇을 얻고자 하는 것일까?

① 내담자가 이미 결정한 직업적 선택과 계획을 확고하게 해 준다.
② 내담자로 하여금 자신의 자아와 직업세계에 대해 구체적으로 이해할 수 있도록 한다.
③ 내담자 개인의 직업적 목표를 명백히 해준다.
④ 내담자에게 직업 선택 및 진로의사 결정능력을 기르도록 해 준다.
⑤ 내담자에게 직업 선택과 직업 생활에서의 능동적인 태도를 함양하도록 해 준다.

요약 · 정리

■ 상담의 목표

① 행동 변화의 촉진
② 정신건강의 증진
③ 개인적 효율성 향상
④ 의사 결정 능력의 함양
⑤ 문제의 해결

■ 직업상담의 목적

① 내담자가 이미 결정한 직업적 선택과 계획을 확고하게 해 준다.
② 내담자로 하여금 자신의 자아와 직업세계에 대해 구체적으로 이해할 수 있도록 한다.
③ 내담자 개인의 직업적 목표를 명백히 해 준다.

④ 내담자에게 직업 선택 및 진로의사 결정능력을 기르도록 해 준다.

⑤ 내담자에게 직업 선택과 직업생활에서의 능동적인 태도를 함양하도록 해 준다.

| 기출문제 |

01 직업상담의 목적 5가지를 쓰시오.

★ [080107]

☞ **모범답안**

① 내담자가 이미 결정한 직업적 선택과 계획을 확고하게 해 준다.

② 내담자로 하여금 자신의 자아와 직업세계에 대해 구체적으로 이해할 수 있도록 한다.

③ 내담자 개인의 직업적 목표를 명백히 해 준다.

④ 내담자에게 직업 선택 및 진로의사 결정능력을 기르도록 해 준다.

⑤ 내담자에게 직업 선택과 직업 생활에서의 능동적인 태도를 함양하도록 해 준다.

02 상담목표를 기술하시오.

★ [010109]

☞ **모범답안**

① 행동 변화의 촉진

② 정신건강의 증진

③ 개인적 효율성 향상

④ 의사 결정 능력의 함양

⑤ 문제의 해결

3 내담자 상담 전략

요약 · 정리

■ 상담에서 내담자 침묵의 발생 원인

① 내담자가 두려움을 느끼는 경우

② 내담자가 할 말이 더 이상 생각나지 않는 경우

③ 상담자의 대답을 기다리고 있는 경우

■ 저항적이고 동기화되지 않은 내담자 상담 전략

① 내담자의 변형된 오류 수정 : 내담자의 회피를 찾아, 명확한 행동계획을 수립한다.

② 내담자와 친해지기 : 내담자의 사고를 이해하기 위하여, 생애 진로 주제를 파악한 후, 변화를 위한 노력이 필요함을 알린다.

③ 은유 사용하기 : 내담자의 경험과 유사한 은유를 사용하여, 내담자 스스로 통찰할 수 있도록 한다.

■ 청소년들이 진로 선택 시 의사 결정을 미루는 유형

① 우유부단형 : 진로 결정 상황에서 자신의 주관을 펼치지 못하고 남을 따라가다 의사 결정을 놓치는 유형

② 무결단형 : 직업 선택에 대한 불안으로 인하여 의사 결정을 놓치는 유형

| 기출문제 |

01 상담에서 대화의 중단 또는 내담자의 침묵은 자주 일어나는 일이다. 내담자의 침묵의 발생 원인 3가지만 쓰시오.
★★ [120109, 090315]

☞ **모범답안**
① 내담자가 두려움을 느끼는 경우
② 내담자가 할 말이 더 이상 생각나지 않는 경우
③ 상담자의 대답을 기다리고 있는 경우

02 청소년들이 자신의 진로나 직업을 선택할 때 의사 결정을 미루는 2가지 유형을 쓰고 설명하시오.
★★ [140211]

☞ **모범답안**
① 우유부단형 : 진로 결정 상황에서 자신의 주관을 펼치지 못하고 남을 따라가다 의사 결정을 놓치는 유형
② 무결단형 : 직업 선택에 대한 불안으로 인하여 의사 결정을 놓치는 유형

03 직업상담 시 저항적이고 동기화되지 않은 내담자들을 동기화시키기 위한 효과적인 전략을 3가지 쓰고 각각에 대해 설명하시오.
★ [130111]

☞ **모범답안**
① 내담자의 변형된 오류 수정 : 내담자의 회피를 찾아, 명확한 행동계획을 수립한다.
② 내담자와 친해지기 : 내담자의 사고를 이해하기 위하여, 생애 진로 주제를 파악한 후, 변화를 위한 노력이 필요함을 알린다.
③ 은유 사용하기 : 내담자의 경험과 유사한 은유를 사용하여, 내담자 스스로 통찰할 수 있도록 한다.

IV 집단상담

1 집단상담

이론 스토리

집단상담은 6~8명의 비슷한 목적을 지닌 인원으로 토론과 발표를 통해 진행하는 대표적인 상담이다. 집단상담 실행 시 인원이 너무 큰 경우는 상담사가 각 개인에게 적절한 주의를 기울이기 어려워지며, 집단의 크기가 작은 경우 개개인이 토론과 발표에서 받는 압력이 너무 커져서 비효율적이 되기 쉽다. 그렇기 때문에 집단상담에서는 적정 인원 선정이 무엇보다 중요하다.

집단상담을 실시하기 전에는 집단의 성격을 잘 고려하여 그 형태를 결정해야 한다.

① 지도집단 : 정보 제공을 목표로 구성된 집단이며, 강의나 교수 등의 방법이 활용된다.

② 상담집단 : 사람에게 초점을 둔 집단이며, 주로 정의적이고 개인적인 내용들을 다룬다.

③ 치료집단 : 비정상적인 사람들로 구성된 집단이며, 치료의 목적으로 상담이 진행된다.

집단이 구성이 되면 상담자는 집단상담을 진행할 수 있는데, 이때 부처(Butcher)와 톨버트(Tolbert)라는 학자는 집단상담의 단계를 다음과 같이 구분하였다.

부처는 내담자들이 집단상담 시 가장 먼저 자기를 개방하고 검사를 통해 흥미와 적성에 대한 측정을 하는 탐색 단계를 거쳐야 한다고 했다. 톨버트 역시 자기탐색이 가장 먼저 시행되어야 한다고 했다.

그 이후 내담자는 토론과 발표를 통해 측정 결과에 대한 피드백을 받고 스스로 자아와 피드백 간의 불일치를 해결해야 한다. 톨버트는 이 단계를 상호작용의 단계라고 이야기 하였다.

불일치를 해결한 내담자는 다음 회기에 본인의 자기이해와 직업세계를 연결하게 되는데, 부처는 이 단계를 전환단계라고 하였으며, 톨버트는 개인적 정보의 검토와 목표와의 연결이라는 단계로 이야기하였다.

직업세계와의 연결이 끝나면 내담자는 진로를 위한 본격적인 행동계획을 수립하는 행동단계로 넘어가게 된다. 행동단계에서 내담자는 목표를 설정하고 행동계획을 수립하게 되는데, 이는 톨버트의 직업적, 교육적 정보의 검토 단계이다. 이렇게 행동계획까지 수립되면 개개인들은 합리적인 의사 결정을 하게 된다.

집단상담은 이처럼 체계적인 단계를 바탕으로 내담자의 의사 결정을 도와주는 대표적인 상담이다.

요약 · 정리

■ 집단상담 단계

1) 집단을 구성할 때 유의사항

　① 적정 인원 : 6~8명의 인원으로 구성한다.

　② 집단의 크기가 너무 큰 경우 : 상담사가 각 개인에게 적절한 주의를 기울이기 어렵다.

　③ 집단의 크기가 너무 작은 경우 : 개개인이 받는 압력이 너무 커져 비효율적이다.

2) 집단상담의 형태

　① 지도집단 : 정보 제공을 목표로 구성된 집단이며, 강의나 교수 등의 방법이 활용된다.

　② 상담집단 : 사람에게 초점을 둔 집단이며, 주로 정의적이고 개인적인 내용들을 다룬다.

　③ 치료집단 : 비정상적인 사람들로 구성된 집단이며, 치료의 목적으로 상담이 진행된다.

3) 집단상담의 상담 단계

부처의 상담 단계

　(1) 탐색 단계

　　① 자기 개방

　　② 흥미와 적성에 대한 측정

　　③ 측정 결과에 대한 피드백

　　④ 자아와 피드백 간의 불일치 해결

　(2) 전환 단계

　　자기 이해와 직업세계를 연결하는 단계

　(3) 행동 단계

　　① 목표 설정

　　② 행동계획 수립

　　③ 합리적인 의사 결정

톨버트의 상담 단계

　① 자기 탐색

　② 상호작용

　③ 합리적인 의사 결정

　④ 직업적, 교육적 정보의 검토

　⑤ 합리적인 의사 결정

| 기출문제 |

01 부처의 집단 직업상담을 위한 3단계 모델에 대해 쓰시오.

★★★ [150316, 150209, 140110, 130313, 120211, 100312, 040108]

☞ **모범답안**
① 탐색 단계
② 전환 단계
③ 행동 단계

02 부처의 집단 직업상담을 위한 3단계 모델에 대해 쓰고 설명하시오.

★★★

☞ **모범답안**
① 탐색 단계 : 자기를 개방하고 흥미와 적성에 대한 측정을 하며 측정 결과의 피드백을 통해 자아와 피드백 간의
불일치를 해결하는 단계
② 전환 단계 : 자아와 직업세계를 연결하는 단계
③ 행동 단계 : 목표를 설정하고 행동계획을 수립하여 합리적인 의사 결정을 하는 단계

03 부처는 집단 직업상담을 위한 3단계 모델을 제시하였다. 첫 단계인 탐색 단계에서 이루어져야 하
는 것 4가지를 쓰시오.

★★★ [150316, 150209, 140110, 130313, 120211, 100312, 040108]

☞ **모범답안**
① 자기 개방
② 흥미와 적성에 대한 피드백
③ 측정 결과에 대한 피드백
④ 자아와 피드백 간의 불일치 해결

04 톨버트가 제시한 집단상담의 과정에서 나타나는 5가지 활동 유형을 제시하시오.
★★★ [150201, 140306, 100109, 050306]

☞ 모범답안
① 자기 탐색
② 상호작용
③ 개인적 정보의 검토와 목표와의 연결
④ 직업적, 교육적 정보의 검토
⑤ 합리적인 의사 결정

05 집단상담은 그 형태와 접근 방식에 따라 여러 가지로 구분된다. 집단상담의 형태를 3가지 쓰고 각각 설명하시오.
★ [130109]

☞ 모범답안
① 지도집단 : 정보 제공을 목표로 구성된 집단이며, 강의나 교수 등의 방법이 활용된다.
② 상담집단 : 사람에게 초점을 둔 집단이며, 주로 정의적이고 개인적인 내용들을 다룬다.
③ 치료집단 : 비정상적인 사람들로 구성된 집단이며, 치료의 목적으로 상담이 진행된다.

06 집단상담을 할 때 적정 인원을 쓰고, 집단의 크기가 너무 큰 경우와 작은 경우를 비교하여 설명하시오.
★ [060306]

☞ 모범답안
① 적정 인원 : 6~8명의 인원으로 구성한다.
② 집단의 크기가 너무 큰 경우 : 상담사가 각 개인에게 적절한 주의를 기울이기 어렵다.
③ 집단의 크기가 너무 작은 경우 : 개개인이 받는 압력이 너무 커져 비효율적이다.

2 상담 유형별 장단점

요약 · 정리

상담 종류	장점	단점
집단 상담	① 시간, 경제적으로 효과적이다. ② 집단상담을 쉽게 받아들이는 경향이 있다. ③ 사회성과 지도성을 기를 수 있다. ④ 구성원들이 자유롭게 자신의 문제를 논의할 수 있다. ⑤ 다양한 사람들과의 접촉이 가능하다.	① 구성원 모두에게 좋은 방법은 아니다. ② 비밀 보장이 어렵다. ③ 동질적인 집단의 구성이 어렵다.
사이버 상담	① 간편하고 저렴하다. ② 내담자의 익명성이 보장된다. ③ 청소년의 경우 인터넷 상담을 편하게 느끼는 경향이 있다. ④ 내담자 스스로 도움이 되는 자료를 찾기가 쉽다. ⑤ 내담자 자신이 직접 글로 적으면서 정리하기 때문에 자기성찰 능력이 향상된다.	―
전화 상담	① 신속성과 편의성 ② 내담자의 익명성이 보장된다.	① 표현의 제한으로 내담자를 이해하기 힘들다. ② 상담이 대부분 일회성으로 끝날 가능성이 높다.

| 기출문제 |

01 집단상담의 장점 5가지를 쓰시오.

★★★ [150115, 130307, 110316, 100407, 100117, 090103, 050106, 010306]

☞ **모범답안**

① 시간, 경제적으로 효과적이다.
② 집단상담을 쉽게 받아들이는 경향이 있다.
③ 사회성과 지도성을 기를 수 있다.
④ 구성원들이 자유롭게 자신의 문제를 논의할 수 있다.
⑤ 다양한 사람들과의 접촉이 가능하다.

02 개인상담과 비교할 때 집단상담의 장점 3가지를 쓰시오.

★★★

☞ **모범답안**

① 개인상담에 비해 시간과 경제적으로 효과적이다.
② 내담자들은 개인상담보다 집단상담을 쉽게 받아들이는 경향이 있다.
③ 개인상담에 비해 사회성과 지도성을 기를 수 있다.

03 집단상담의 장점과 단점을 각각 3가지씩 쓰시오.

★★★

☞ **모범답안**

(1) 장점
    ① 시간, 경제적으로 효과적이다.
    ② 집단상담을 쉽게 받아들이는 경향이 있다.
    ③ 사회성과 지도성을 기를 수 있다.

(2) 단점
    ① 구성원 모두에게 좋은 방법은 아니다.
    ② 비밀 보장이 어렵다.
    ③ 동질적인 집단의 구성이 어렵다.

04 인터넷을 이용한 사이버 상담의 필요성을 5가지 쓰시오.

★ [100416]

☞ **모범답안**

① 간편하고 저렴하다.

② 내담자의 익명성이 보장된다.

③ 청소년의 경우 인터넷 상담을 편하게 느끼는 경향이 있다.

④ 내담자 스스로 도움이 되는 자료를 찾기가 쉽다.

⑤ 내담자 자신이 직접 글로 적으면서 정리하기 때문에 자기성찰 능력이 향상된다.

05 전화상담의 장단점 2가지씩 쓰시오.

★ [030112]

☞ **모범답안**

(1) 장점

　① 신속성과 편의성

　② 내담자의 익명성이 보장된다.

(2) 단점

　① 표현의 제한으로 내담자를 이해하기 힘들다.

　② 상담이 대부분 일회성으로 끝날 가능성이 높다.

V 가볍게 읽고 넘어가는 문제

01 상담에서 중요한 언어적 행동 3가지와 비언어적 행동 3가지를 쓰시오. [150104]

☞ **모범답안**

(1) 언어적 행동
 ① 즉시성 : "지금 우리가 무엇을 하는 것 같으세요?" 등 지금, 여기 입장에서 내담자에게 반응하는 것
 ② 촉진적 반응 : "알겠어요." "좋습니다." 등 이해와 동의를 나타내는 짧은 말
 ③ 승인 : "걱정하지 마세요." "당신이 옳아요." 등 내담자의 행동을 지지하는 반응

(2) 비언어적 행동
 ① 밝은 표정, 미소 등의 행동
 ② 부드러운 눈 맞춤
 ③ 고개 끄덕임과 내담자를 향한 몸짓

02 상담자가 자신의 관심을 충족시키기 위하는 질문이 아니라 내담자 스스로가 자신과 자신의 문제를 자유로이 탐색하도록 허용함으로써 내담자 자신의 이해를 증진시키는 탐색적 질문을 하는 과정에서 상담자가 유의해야 할 사항 3가지를 쓰시오.
[150114]

☞ **모범답안**

① 너무 이른 조언 : 내담자를 잘 알지 못하는 상태에서 조언을 할 경우 내담자는 상담자를 신뢰하지 못한다.
② 가르치기 : 상담자의 가르치기는 내담자의 방어적 태도를 유발한다.
③ 지나친 질문 : 꼬투리를 잡는 질문은 내담자에게 추궁받는다는 느낌을 주어 방어적 태도를 유발시킨다.

03 긍정적으로 자기를 인식하고 자신감을 강화하기 위한 힐리의 8가지 원칙 중 5가지만 쓰시오.
[140114, 040310]

☞ **모범답안**

① 관찰에 의한 피드백을 얻고 이를 통합할 수 있도록 한다.
② 내담자의 삶이 의미 있게 관찰되도록 숙고될 수 있음을 인식시킨다.
③ 내담자에게 다양한 범위의 행위를 경험하고 그것을 숙고하도록 한다.
④ 노력의 결과를 긍정적으로 강화하며, 성공하는 방법을 배우도록 한다.
⑤ 역량이 있을 것으로 기대되는 것을 개발하도록 독려한다.

04 직업상담사가 갖추어야 할 자질 4가지를 쓰시오.

[060112, 020302]

☞ **모범답안**

① 감정에 사로잡히지 않는 객관성

② 내담자의 인격에 대한 높은 존경심

③ 상담자 스스로가 자신에 대한 명확한 이해를 할 것

④ 폭넓은 심리학적 지식의 보유

05 라자루스(Lazarus)가 개발한 중다양식치료의 핵심개념인 BASIC-ID에 대해 설명하시오.

[120102]

☞ **모범답안**

① 행동(Behavior) : 관찰 및 측정이 가능한 행위나 습관 등 외현적인 행동

② 감정(Affect) : 기분, 느낌 등 정서에 관한 것

③ 감각(Sensation) : 시각, 후각, 청각, 촉각, 미각 등 오감에 관한 것

④ 심상(Imagery) : 기억, 꿈 등에 관한 것

⑤ 인지(Cognition) : 가치, 신념을 형성하는 생각이나 철학 등을 나타낸 것

⑥ 대인관계(Interpersonal) : 타인과의 상호작용과 사회적 관계 등

⑦ 생물학적 기능/성향(Drugs/Diet) : 약물, 섭식습관, 운동양식 등

06 저항의 의미와 유형을 설명하시오.

[050112]

☞ **모범답안**

(1) 의미 : 상담의 진행을 방해하고 현재의 상태를 유지하려는 내담자의 의식적 또는 무의식적 사고와 감정

(2) 유형

　① 침묵 : 상담자의 질문에 대답을 하지 않는다.

　② 일반화 : 자신의 감정을 감추고 일반적인 용어로만 표현한다.

　③ 핑계 : 다양한 이유를 제시하며 상담을 피한다.

07 사회인지적 진로이론의 3가지 영역모델을 쓰고 설명하시오.

[130216]

☞ 모범답안

① 흥미모형 : 자기효능감과 결과 기대는 개인의 흥미 발달에 영향을 미친다.

② 선택모형 : 개인차와 주변 환경은 학습경험을 형성시키며 흥미 선택에 영향을 미친다.

③ 수행모형 : 개인의 수행 수준은 능력, 자기효능감, 결과 기대, 수행 목표에 의해 결정된다.

08 리프탁이 제시한 비자발적 실직을 경험한 내담자들에게서 나타나는 5가지 비합리적 신념을 쓰시오.

[150308, 120301]

☞ 모범답안

① 직업을 찾기 위해서는 완벽한 직업 탐색이 필요하다.

② 직업 탐색 기술은 지금만 필요하므로 배울 필요가 없다.

③ 전문가인 직업상담사는 나에게 맞는 직업을 찾아줄 것이다.

④ 면접까지 갔는데 떨어진다면, 모든 것이 끝이다.

⑤ 직업 탐색 과정에만 전념해야 한다.

09 정신분석적 심리치료, 인간중심의 치료, 행동수정 및 인지적 접근의 모든 심리상담에 영향을 미치는 기초 이론이라고 할 수 있다. 이 4가지 상담이론들의 공통적인 접근 방법 3가지를 쓰시오.

[080303]

☞ 모범답안

① 상담 과정은 내담자의 자기 이해를 촉진하는 데 초점을 둔다.

② 상담 결과는 불안과 긴장의 감소, 대인관계의 학습으로 집약된다.

③ 상담자는 내담자의 수준, 내담자의 문제에 대한 인식, 문제 자체의 속성에 따라 점진적으로 개입한다.

직업심리학

I 직업심리학 이론

1 긴즈버그의 발달이론

이론 스토리

긴즈버그(Ginzberg)는 직업 선택이 한 순간의 선택이 아닌 장기간에 걸쳐서 이루어지는 결정이라는 점에 착안하여 발달이론을 만들어 냈다. 발달이론에 의하면 개인은 환상기, 잠정기, 선택기를 거치며 가치관, 정서적 요인, 교육의 양과 종류, 실제 상황적 여건의 상호작용으로 직업을 구체화시켜 나간다고 한다. 이때, 현실기는 다양한 현실 요인을 고려해 3단계에 거쳐 진로를 결정하게 된다.

① 탐색 단계 : 자신의 흥미와 적성을 고려하여 직업을 탐색하는 단계
② 구체화 단계 : 내 · 외적 요인들을 고려하여 특정 직업 분야에 몰두하는 단계
③ 특수화 단계 : 자신의 진로에 대한 세밀한 계획을 세우고 전문화된 의사 결정을 하는 단계

요약 · 정리

■ 긴즈버그의 직업발달이론

직업 선택의 단계
- ① 환상기(11세 이전)
- ② 잠정기(~17세) : 흥미, 적성, 가치, 성격에 따라 직업 선택
- ③ 현실기(~24세)
  - 탐색 단계 : 자신의 흥미와 적성을 고려하여 직업을 탐색하는 단계
  - 구체화 단계 : 내 · 외적 요인들을 고려하여 특정 직업 분야에 몰두하는 단계
  - 특수화 단계 : 세밀한 계획과 전문화된 의사 결정을 하는 단계

| 기출문제 |

01 긴즈버그의 진로 발달 단계 중 현실기의 3가지 하위 단계를 쓰고 설명하시오.

★★★ [140104, 120311, 100218]

☞ **모범답안**

① 탐색 단계 : 자신의 흥미와 적성을 고려하여 직업을 탐색하는 단계

② 구체화 단계 : 내·외적 요인들을 고려하여 특정 직업 분야에 몰두하는 단계

③ 특수화 단계 : 자신의 진로에 대한 세밀한 계획을 세우고 전문화된 의사 결정을 하는 단계

이론 스토리

슈퍼(Super)는 긴즈버그의 진로발달과정이 흥미의 역할을 충분히 고려하지 않았고 선택과 적응의 개념을 구분하지 못하고 있으며 진로 선택과 관련된 타협의 과정을 설명하지 못한다고 반박하면서 전생애에 걸친 발달이론을 만들어 내게 된다. 슈퍼의 전생애적인 발단 단계는 다음과 같다.

① 성장기(~14세) : 중요한 인물과 동일시함으로써 자아 개념을 발달시키는 단계
② 탐색기(~24세) : 다양한 경험을 통해 자아를 검증하고, 직업 탐색을 시도하는 단계
③ 확립기(~41세) : 적합한 분야를 발견해서 안정적 위치를 확보하는 단계
④ 유지기(~64세) : 자신의 위치 확고히 하며 전문성을 확보하는 단계
⑤ 쇠퇴기(~65세 이후) : 정신적, 육체적으로 쇠약해짐에 따라 직업 전선에서 은퇴하는 단계

슈퍼에 의하면 개인은 각 발달단계에서 이룩해야 할 자아를 실현하면서 본인의 자아 이미지를 만들어 내고 그러한 자아 이미지가 인간의 진로 선택에 영향을 끼친다고 이야기한다. 슈퍼는 발달단계에서 이룩해야 할 자아를 실현하기 위하여 개인은 5가지 과업을 실행시킨다고 말한다.

① 구체화 : 선호하는 직업을 위한 계획 등을 인식하는 단계의 과업
② 특수화 : 직업 선택을 명백히 하고 구체적인 진로계획을 세우는 단계의 과업
③ 실행화 : 취업하는 단계의 과업
④ 안정화 : 자신의 진로 선택의 적절성을 검증하고 위치를 확립하는 단계의 과업
⑤ 공고화 : 승진, 지위 획득, 경력 개발 등을 통해 전문성을 확보하는 단계의 과업

슈퍼는 각 진로 발달 단계마다 이룩해야 할 자아가 다르기 때문에 상담자는 발달 단계에 따라 내담자를 상담해야 한다고 한다. 슈퍼의 상담 단계는 다음과 같다.

① 문제 탐색 및 자아개념 묘사
② 심층적 탐색
③ 자아 통찰 및 수용
④ 현실 검증
⑤ 태도와 감정의 처리
⑥ 의사 결정

슈퍼는 문제 탐색 및 자아개념 묘사 단계에서 내담자의 자아 발달 수준이 어느 정도인지를 검사하며 크게 3가지 방법으로 내담자를 진단하게 된다. 이때, 슈퍼는 내담자에게 진단을 한다는

용어가 적절치 않다고 판단하여 '평가'라는 용어로 표현을 한다.

① 문제 평가 : 내담자의 어려움과 상담에 대한 기대를 평가
② 개인 평가 : 내담자의 심리적, 사회적, 신체적 속성에 대한 임상적 사례연구에 의한 평가
③ 예언 평가 : 문제 평가, 개인 평가를 바탕으로 내담자의 성공 가능성과 직장에서의 만족 여부를 예언하는 평가

상담자는 심층적 탐색을 통해 내담자 스스로 자신의 자아를 통찰하고 수용할 수 있도록 한다. 자신의 자아 통찰이 일어나게 되면 내담자는 사실적인 자료를 바탕으로 현실 검증을 하게 된다. 이때 느껴지는 불쾌한 태도나 감정이 처리가 될 때 내담자는 비로소 현명한 의사 결정을 할 수 있다. 그러나 이 단계에서 의사 결정에 어려움을 겪는 내담자들이 있는데, 슈퍼는 이러한 내담자를 위하여 2가지의 의사 결정 기법을 만들어 내게 된다.

① 진로자서전 : 내담자가 과거에 어떻게 의사 결정을 했는지를 자유롭게 기술하도록 함으로써 의사 결정 기술을 파악
② 진로의사 결정일기 : 내담자가 매일 어떻게 결정을 하는가를 현재의 초점에 맞춰 기술하도록 함으로써 의사 결정 기술을 파악

또한 슈퍼는 내담자의 흥미를 사정하기 위해서 3가지의 흥미사정기법을 만들었다.

① 표현된 흥미 : 좋고 싫음을 말하도록 함으로써 흥미를 사정하는 기법
② 조작된 흥미 : 어떤 상황을 조작해 놓고 어떻게 시간을 보내는지를 관찰하면서 흥미를 사정하는 기법
③ 조사된 흥미 : 표준화된 검사를 통해 흥미를 사정하는 기법

요약 · 정리

■ 슈퍼의 발달 단계(5단계)

① 성장기(~14세) : 중요한 인물과 동일시함으로써 자아 개념을 발달시키는 단계

② 탐색기(~24세) : 다양한 경험을 통해 자아를 검증하고, 직업 탐색을 시도하는 단계

③ 확립기(~41세) : 적합한 분야를 발견해서 안정적 위치를 확보하는 단계

④ 유지기(~64세) : 자신의 위치를 확고히하며 전문성을 확보하는 단계

⑤ 쇠퇴기(~65세 이후) : 정신적, 육체적으로 쇠약해짐에 따라 직업 전선에서 은퇴하는 단계

■ 슈퍼의 발달 과업

① 구체화 : 선호하는 직업을 위한 계획 등을 인식하는 단계의 과업

② 특수화 : 직업 선택을 명백히 하고 구체적인 진로계획을 세우는 단계의 과업

③ 실행화 : 취업하는 단계의 과업

④ 안정화 : 자신의 진로 선택의 적절성을 검증하고 위치를 확립하는 단계의 과업

⑤ 공고화 : 승진, 지위 획득, 경력 개발 등을 통해 전문성을 확보하는 단계의 과업

■ 슈퍼의 상담 단계(6단계)

① 문제 탐색 및 자아개념 묘사

② 심층적 탐색

③ 자아 통찰 및 수용

④ 현실 검증

⑤ 태도와 감정의 처리

⑥ 의사 결정

■ 슈퍼의 평가(진단)

① 문제 평가 : 내담자의 어려움과 상담에 대한 기대를 평가

② 개인 평가 : 내담자의 심리적 · 사회적 · 신체적 속성에 대한 임상적 사례 연구에 의한 평가

③ 예언 평가 : 문제 평가, 개인 평가를 바탕으로 내담자의 성공 가능성과 직장에서의 만족 여부를 예언하는 평가

■ 슈퍼의 의사 결정기법

① 진로자서전 : 내담자가 과거에 어떻게 의사 결정을 했는지를 자유롭게 기술하도록 함으로써 의사 결정 기술 파악

② 진로의사 결정일기 : 내담자가 매일 어떻게 결정을 하는가를 현재의 초점에 맞춰 기술하도록 함으로써 의사 결정 기술 파악

■ 슈퍼의 흥미평가기법

① 표현된 흥미 : 좋고 싫음을 말하도록 함으로써 흥미를 사정하는 기법

② 조작된 흥미 : 상황을 조작해 놓고 어떻게 시간을 보내는지를 관찰하면서 흥미를 사정하는 기법

③ 조사된 흥미 : 표준화된 검사를 통해 흥미를 사정하는 기법

| 기출문제 |

01 슈퍼의 직업상담 6단계를 순서대로 쓰시오.
★★★ [150206, 110204, 110118, 080319]

☞ **모범답안**
① 문제 탐색 및 자아개념 묘사
② 심층적 탐색
③ 자아 통찰 및 수용
④ 현실 검증
⑤ 태도와 감정의 처리
⑥ 의사 결정

02 발달적 직업상담에서 슈퍼는 '진단' 대신 '평가'라는 용어를 사용했다. 슈퍼가 제시한 3가지 평가를 쓰고 각각에 대해 설명하시오.
★★ [130312, 130110, 100103]

☞ **모범답안**
① 문제 평가 : 내담자의 어려움과 상담에 대한 기대를 평가
② 개인 평가 : 내담자의 심리적, 사회적, 신체적 속성에 대한 임상적 사례연구에 의한 평가
③ 예언 평가 : 문제 평가, 개인 평가를 바탕으로 내담자의 성공 가능성과 직장에서의 만족 여부를 예언하는 평가

03 슈퍼의 경력 개발 5단계 개발 방법을 쓰시오.
★ [090204]

☞ **모범답안**
① 구체화 : 선호하는 직업을 위한 계획 등을 인식하는 단계의 과업
② 특수화 : 직업 선택을 명백히 하고 구체적인 진로계획을 세우는 단계의 과업
③ 실행화 : 취업하는 단계의 과업
④ 안정화 : 자신의 진로 선택의 적절성을 검증하고 위치를 확립하는 단계의 과업
⑤ 공고화 : 승진, 지위 획득, 경력 개발 등을 통해 전문성을 확보하는 단계의 과업

04 발달적 직업상담에서 직업상담자가 사용할 수 있는 기법으로 '진로자서전'과 '의사결정일기'가 있다. 각각에 대해 설명하시오.

★ [090317]

☞ 모범답안

① 진로자서전 : 내담자가 과거에 어떻게 의사 결정을 했는지를 자유롭게 기술하도록 함으로써 의사 결정 기술 파악
② 의사결정일기 : 내담자가 매일 어떻게 결정을 하는가를 현재의 초점에 맞춰 기술하도록 함으로써 의사 결정 기술 파악

05 슈퍼의 발달단계를 5단계로 설명하시오.

★ [030302]

☞ 모범답안

① 성장기(~14세) : 중요한 인물과 동일시함으로써 자아 개념을 발달시키는 단계
② 탐색기(~24세) : 다양한 경험을 통해 자아를 검증하고, 직업 탐색을 시도하는 단계
③ 확립기(~41세) : 적합한 분야를 발견해서 안정적 위치를 확보하는 단계
④ 유지기(~64세) : 자신의 위치를 확고히 하며 전문성을 확보하는 단계
⑤ 쇠퇴기(~65세 이후) : 정신적, 육체적으로 쇠약해짐으로써 직업 전선에서 은퇴하는 단계

3 고트프레드슨의 직업포부발달 이론

이론 스토리

고트프레드슨(Gottfredson)은 개인의 직업 선택이 제한과 타협이라는 일련의 과정을 통해 구체화가 된다는 직업포부 발달이론을 이야기하게 된다.

① 제한 : 자아 개념과 일치하지 않는 직업들을 배제시키는 것
② 타협 : 선호하는 직업 대안들 중 자신이 극복할 수 없는 문제를 가진 직업을 어쩔 수 없이 포기하는 것

고트프레드슨은 인간이 발달 단계마다 제한과 타협을 바탕으로 발달 과업을 성취한다고 하였는데, 각 발달 단계는 다음과 같다.

① 힘과 크기의 지향성 : 어른이 된다는 것의 의미를 알게 되는 단계
② 성역할 지향성 : 자아개념이 성에 의해서 영향을 받게 되는 단계
③ 사회적 가치 지향성 : 사회계층과 사회적 가치의 영향을 받는 단계
④ 내적 고유한 자아 지향성 : 자아정체감을 바탕으로 직업적 포부를 발달시키는 단계

1단계는 서열의 개념을 획득하는 것이 중요한 단계로 이 시기에 직업에 대해 갖는 생각은 '나는 작고 어린 아이다. 그런데 어른은 크고 어른이 되면 일이라는 것을 하게 된다.'라는 것으로 힘과 크기에 대한 개념이 적용된 것이라고 볼 수 있다.

2단계가 되면 아이들은 '나는 남자다.' 또는 '나는 여자다.'라는 이분법적 개념에 따라 직업을 선택하며 남자의 경우 소방관이나 의사 등의 직업을 선호하는 반면, 여자들은 간호사나 비서 등의 여성적인 직업을 선호한다.

3단계에 접어들면 아이들은 중요한 사회적 가치에 대해서 깨닫게 되며 조금 더 돈을 잘 벌고 존경을 받는 직업을 선택하려는 경향을 보인다.

4단계에 와서 개인은 '나한테 어울리는 직업은 뭘까?'라는 생각을 하며 자기정체감을 만족시키는 직업을 선택하게 되는데, 이 단계를 내적 고유한 자아 지향성의 단계라고 한다.

요약 · 정리

■ **제한과 타협**

① 제한(한계) : 자기 개념과 일치하지 않는 직업들을 배제

② 타협(절충) : 선호하는 직업 대안들 중 자신이 극복할 수 없는 문제를 가진 직업을 어쩔 수 없이 포기하는 것

■ **직업포부 발달 단계**

① 힘과 크기의 지향성 : 서열을 바탕으로 직업을 결정하는 단계

② 성역할 지향성 : 자아개념이 성에 의해서 영향을 받게 되는 단계

③ 사회적 가치 지향성 : 사회계층과 사회적 가치의 영향을 받는 단계

④ 내적 고유한 자아 지향성 : 자아정체감을 바탕으로 직업적 포부를 발달시키는 단계

| 기출문제 |

01 고트프레드슨의 직업과 관련된 개인발달의 4단계를 쓰고 설명하시오.

★★ [150315, 110212, 110316]

☞ **모범답안**

① 힘과 크기의 지향성 : 서열을 바탕으로 직업을 결정하는 단계

② 성역할 지향성 : 자아개념이 성에 의해서 영향을 받게 되는 단계

③ 사회적 가치 지향성 : 사회계층과 사회적 가치의 영향을 받는 단계

④ 내적 고유한 자아 지향성 : 자아정체감을 바탕으로 직업적 포부를 발달시키는 단계

02 고트프레드슨의 직업포부 발달이론에 제시된 제한과 절충의 원리에서 제한과 절충의 의미에 대해 설명하시오.

★★ [140319]

☞ **모범답안**

① 제한 : 자기 개념과 일치하지 않는 직업들을 배제시키는 것

② 절충 : 선호하는 직업 대안들 중 자신이 극복할 수 없는 문제를 가진 직업을 어쩔 수 없이 포기하는 것

4 욕구위계이론

요약 · 정리

(1) 자아 실현을 한 사람의 인생관

타인을 의식하지 않고 자신을 있는 그대로 본다.

(2) 자아 실현을 한 사람의 특징

① 자발적이다.

② 자율적이다.

③ 창조적이다.

④ 실존적이다.

⑤ 개방적이다.

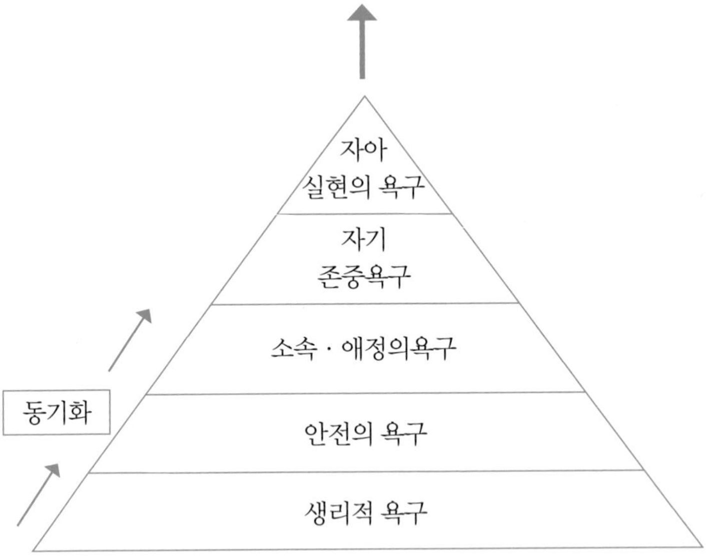

| 기출문제 |

01 인본주의 심리학자인 매슬로우가 말하는 자기 실현한 사람의 특성 중 자신에 대한 관점과 행동 특성을 기술하시오.

★★ [080101, 030104]

☞ 모범답안

(1) 자아 실현을 한 사람의 인생관

타인을 의식하지 않고 자신을 있는 그대로 본다.

(2) 자아 실현을 한 사람의 특징

① 자발적이다.

② 자율적이다.

③ 창조적이다.

④ 실존적이다.

⑤ 개방적이다.

5 욕구 이론

이론 스토리

로(Roe)는 매슬로우의 위계이론에서 인간의 욕구를 실현시킬 수 있는 도구가 직업이라고 보았다. 그 중 어린 시절에 부모가 보여 주는 자녀 양육 방식이 자녀의 진로 선택에 영향을 줄 수 있다고 보고, 이를 검증하고자 연구를 진행하며 이론을 정립시켰다. 로는 어린 시절에 개인이 욕구를 어떻게 실현했느냐에 따라, 자아 실현의 욕구를 어떻게 실현시킬지를 직업을 통해 결정한다는 가정 하에 연구를 진행하였다.

만약 놀고자 하는 생리적 욕구가 발동된 아이가 허용적인 분위기 속에서 부모로부터 욕구 충족을 하였다면 이 아이는 인간을 통해서 욕구를 실현하는 순간 큰 기쁨을 맛보게 될 것이다. 이러한 무의식적인 기억으로 인하여 이 아이는 커서 인간을 통해 자아 실현을 하려고 할 것이다. 즉, 인간 지향적인 직업을 바탕으로 자아를 실현하고자 하는 것이다. 반면, 거부적인 환경에서 사물이나 도구를 통해 놀고자 하는 욕구를 실현한 아이는 자라서도 비인간 지향적인 직업을 바탕으로 자아를 실현하고자 할 것이다. 로는 인간 지향적인 직업을 단체직, 비즈니스직, 서비스직, 문화직, 예능직으로 분류하였고 비인간 지향적인 직업을 기술직과 과학직, 옥외활동직으로 분류한다.

로는 인간의 직업 군집이 책임, 능력, 기술의 정도에 따라 6단계로 구분된다는 것을 알아 내어 8개의 직업군과 6개의 책무 곤란도에 기반한 8×6의 직업분류체계를 만들어 내게 된다.

6개의 책무 곤란도는 다음과 같다.

① 고급전문관리직
② 중급전문관리직
③ 준전문관리직
④ 숙련직
⑤ 반숙련직
⑥ 비숙련직

요약 · 정리

■ 로의 욕구이론에서 직업분류체계

로는 매슬로우의 욕구위계이론을 바탕으로 8개의 직업군과 6개의 책무 곤란도에 기반한 8×6의 직업분류체계를 만들어 내게 된다.

[예시] 8×6 직업분류체계

책무 곤란도	직업군							
	단체	비즈니스	서비스	문화	예능	기술	과학	옥외
고급관리직				슈퍼바이저				
증급관리자				직업상담사				
준전문관리자				YMCA 직원				
숙련직				보조간호사				
반순련직				소방원, 택배기사				
비숙련직				가정부				

| 기출문제 |

01 로(Roe)의 2차원적 직업분류체계에서 6가지 수직 차원을 쓰시오.

[140314]

☞ 모범답안
① 고급전문관리직
② 중급전문관리직
③ 준전문관리직
④ 숙련직
⑤ 반숙련직
⑥ 비숙련직

02 로(Roe)의 욕구이론은 성격이론과 직업 분류라는 두 가지 이질적인 영역을 통합하는 데 이론적 관심이 있었다. 로의 욕구이론에 영향을 미친 성격이론과 직업분류체계를 쓰시오.

[110203]

☞ 모범답안
① 로의 욕구이론은 매슬로우의 욕구위계이론에 영향을 받았다.
② 로는 8개의 직업군(단체직, 비즈니스직, 서비스직, 문화직, 예능직, 기술직, 과학직, 옥외활동직)과 6개의 책무 곤란도(고급전문관리직, 중급전문관리직, 준전문관리직, 숙련직, 반숙련직, 비숙련직)에 기반한 8×6의 직업분류체계를 만들어 내게 된다.

II 직업심리검사

1 검사도구

이론 스토리

좋은 심리검사도구는 실용성, 타당성, 신뢰성을 갖춰야 한다. 성격을 측정하는 검사가 흥미나 적성을 측정한다면 좋은 검사라 할 수 없을 것이다. 또한 흥미검사를 실시했을 때 오늘은 R형이 나왔는데, 한 달 후 S형, 두 달 후 E형이 나온다면 이 검사를 신뢰할 수는 없을 것이다.

학자들은 실시 방법과 사용 목적, 측정 내용에 따라 심리검사를 분류했다. 실시 방법에 따른 분류 중 심리검사는 실시 시간에 따라 속도검사와 역량검사로 구분된다.

① 속도검사 : 시간 제한을 두는 검사로 쉬운 문제로 구성되며 숙련도를 측정하는 검사로 적성검사가 대표적인 검사이다.

② 역량검사 : 시간 제한이 없으며 어려운 문제로 구성되며 문제 해결력을 측정하는 검사로 수학경시대회가 대표적인 검사이다.

심리검사는 상대적인 능력을 측정하는 것으로 사용할 것이냐 절대적인 능력을 측정하는 것으로 사용할 것이냐에 따라서 크게 규준참조검사와 준거참조검사로 구분된다.

① 규준참조검사 : 개인의 점수를 다른 사람의 점수와 비교하여 상대적으로 어떤 수준인지를 알아보는 검사로 대부분의 심리검사가 여기에 속한다.

② 준거참조검사 : 개인의 점수를 어떤 기준 점수와 비교해서 이용하려는 검사로 국가자격시험이 여기에 속한다.

심리검사는 인지를 측정하느냐 정서를 측정하느냐에 따라 인지적 검사와 정서적 검사로 나뉜다.

① 인지적 검사(극대수행능력검사) : 문항의 정답이 있고 시간 제한이 엄격하며 자신의 능력을 최대한 발휘할 것을 요구하는 검사로 지능검사, 적성검사, 성취도 검사가 있다.

② 정서적 검사(습관적 수행검사) : 문항의 정답이 없고, 시간 제한이 없으며 습관적인 행동을 선택하록 하는 검사로 흥미검사, 성격검사, 태도검사가 있다.

요약 · 정리

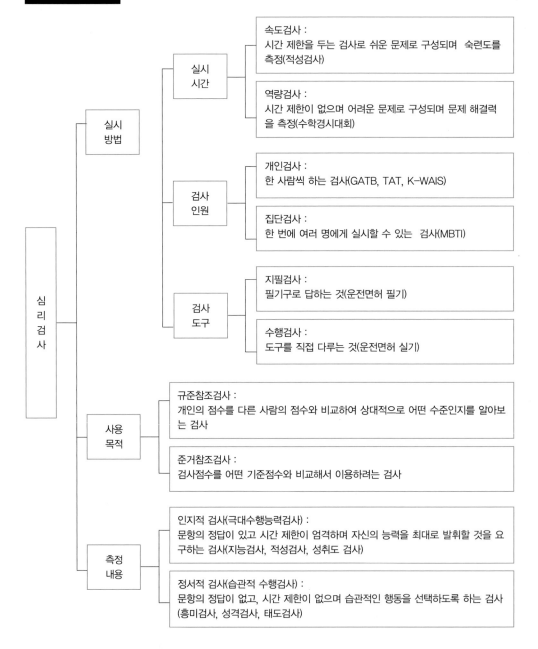

심리검사

- **실시 방법**
  - **실시 시간**
    - 속도검사 : 시간 제한을 두는 검사로 쉬운 문제로 구성되며 숙련도를 측정(적성검사)
    - 역량검사 : 시간 제한이 없으며 어려운 문제로 구성되며 문제 해결력을 측정(수학경시대회)
  - **검사 인원**
    - 개인검사 : 한 사람씩 하는 검사(GATB, TAT, K-WAIS)
    - 집단검사 : 한 번에 여러 명에게 실시할 수 있는 검사(MBTI)
  - **검사 도구**
    - 지필검사 : 필기구로 답하는 것(운전면허 필기)
    - 수행검사 : 도구를 직접 다루는 것(운전면허 실기)
- **사용 목적**
  - 규준참조검사 : 개인의 점수를 다른 사람의 점수와 비교하여 상대적으로 어떤 수준인지를 알아보는 검사
  - 준거참조검사 : 검사점수를 어떤 기준점수와 비교해서 이용하려는 검사
- **측정 내용**
  - 인지적 검사(극대수행능력검사) : 문항의 정답이 있고 시간 제한이 엄격하며 자신의 능력을 최대로 발휘할 것을 요구하는 검사(지능검사, 적성검사, 성취도 검사)
  - 정서적 검사(습관적 수행검사) : 문항의 정답이 없고, 시간 제한이 없으며 습관적인 행동을 선택하도록 하는 검사(흥미검사, 성격검사, 태도검사)

■ 좋은 검사 도구의 조건

① 실용성 : 좋은 검사 도구는 시간과 비용적인 측면에서 효율적이어야 한다.

② 타당성 : 좋은 검사 도구는 측정하고자 하는 속성을 정확하게 측정하여야 한다.

③ 신뢰성 : 좋은 검사 도구는 일관성이 있어야 한다.

| 기출문제 |

01 심리검사도구의 분류에서 극대수행검사와 습관적 수행검사에 대해 설명하고, 각각의 대표적인 유형 2가지를 쓰시오.

★★★ [130304, 120105, 100308, 090217, 060111, 010304]

☞ 모범답안

① 인지적 검사(극대수행능력검사) : 문항의 정답이 있고 시간 제한이 엄격하며 자신의 능력을 최대한 발휘할 것을 요구하는 검사로 지능검사, 적성검사, 성취도 검사가 있다.

② 정서적 검사(습관적 수행검사) : 문항의 정답이 없고, 시간 제한이 없으며 습관적인 행동을 선택하도록 하는 검사로 흥미검사, 성격검사, 태도검사가 있다.

02 성능검사, 성향검사에 해당하는 검사명을 각각 3가지씩 쓰시오.

★★★

☞ 모범답안

① 성능검사 : 적성검사, 지능검사, 학업성취도검사　　　② 성향검사 : 성격검사, 흥미검사, 태도검사

03 심리검사는 사용 목적에 따라 규준참조검사와 준거참조검사로 나눌 수 있다. 규준참조검사와 준거참조검사의 의미를 각각 예를 들어 설명하시오.

★★★ [160117, 110213, 100107, 050108]

☞ 모범답안

① 규준참조검사 : 개인의 점수를 다른 사람의 점수와 비교하여 상대적으로 어떤 수준인지를 알아보는 검사로서, 성격검사 T점수에서 63점의 점수가 나왔다면 1 표준편차 이상으로 성향이 높다고 판단한다.

② 준거참조검사 : 개인의 점수를 어떤 기준 점수와 비교해서 이용하려는 검사로서 국가 자격시험의 합격 기준 점수가 60점일 때, 개인의 점수가 65점이라면 합격이라고 볼 수 있다.

04 심리검사도구를 속도검사와 역량검사로 분류하고 설명하시오.

★★★ [150111]

☞ 모범답안

① 속도검사 : 시간 제한을 두는 검사로 쉬운 문제로 구성되며 숙련도를 측정하는 검사로 적성검사가 대표적인 검사이다.

② 역량검사 : 시간 제한이 없고 어려운 문제로 구성되며 문제 해결력을 측정하는 검사로 수학경시대회가 대표적인 검사이다.

2 규준

이론 스토리

심리검사를 제작한 후 비교를 하기 위해서는 상대적인 기준 점수인 규준이라는 것이 필요하다. 규준은 모집단을 전수 조사하여 구하는 것이 가장 정확하다. 그러나 시간과 비용적인 측면에서 전수 조사를 한다는 것을 사실상 불가능하다. 그래서 연구자들은 모집단을 대표하는 일정 수의 표본을 추출하여 규준집단을 만들어 점수를 구하게 된다. 이것이 가능한 이유는 표준오차 때문인데, 표준오차란 표본들의 평균과 모집단의 평균 간의 간격으로 5% 내외에 있다. 즉, 모집단의 평균과 표본집단의 평균치가 5% 이내에서 가감되기 때문에 굳이 많은 비용과 시간을 들여 전수 조사를 하기보다는 일정 수의 규준집단을 바탕으로 평균을 구하는 것이다. 이때, 모집단에서 일정 수의 표본을 추출하는 작업을 표집이라고 하는데, 심리검사에서는 주로 확률 표집의 방법을 많이 사용하며 대표적인 표집의 방법은 4가지 정도가 있다.

① 단순무선표집 : 일련 번호를 부여하고 무선적으로 추출하는 방법
② 계통표집 : 일정한 표집 간격에 따라 매 K번째를 추출하는 방법
③ 층화표집 : 이질적인 하위집단의 경우, 집단별로 무선 표집하는 방법
④ 집략표집 : 동질적인 하위집단의 경우, 집단 자체를 표집하는 방법

모집단을 전수 조사할 경우에 표집에 따른 오차는 존재하지 않을 것이다. 그러나 추출을 하는 과정에서는 어쩔 수 없이 오차가 생기기 마련인데, 표집 시 생기는 오차의 2가지 종류는 다음과 같다.

① 무선표집 오차 : 필연적으로 발생하는 오차로서 표집의 수를 늘려 오차를 줄일 수 있다.
② 편파에 의한 오차 : 성별, 연령 등의 편파에 의해 발생하는 오차로 표집의 수를 늘리기보다는 표집의 방법을 달리하여야 한다.

규준집단이 구성이 되면, 검사 개발자는 규준집단에게 검사를 실시하며, 검사 점수를 도수분표포에 나타내어 원점수의 평균을 구하게 된다. 이때, 검사 방법이 잘못될 경우 도수분표가 정규분포를 벗어나게 되는데, 이러한 표집 절차의 오류를 해결하기 위하여 검사자는 3가지 방법을 사용할 수 있다.

① 모집단 확정 : 연구 목적에 맞는 자료를 얻으려면 명확한 모집단의 규정이 이루어져야 한다.
② 표집 틀 선정 : 지역적 편중이나 계층적 편중이 일어나면 정규분포가 이상해지므로, 규준집단이 모집단을 잘 대표하여야 한다.

③ 표집 방법 결정 : 적절치 못한 표집 방법을 쓸 때, 정규분포가 이상해지므로 적절한 표집 방법을 사용하여야 한다.

표집 절차의 오류가 해결되고 나면, 다시 평균을 구하여 규준집단의 점수를 도수분포표에 나타내게 된다. 이때, 정규분포에서 벗어나는 점들이 나타나게 되는데 검사 개발자는 이러한 문제를 해결하기 위하여 다음의 3가지 방법을 사용할 수 있다.

① 완곡화법 : 정규분포의 모양을 갖도록 점수를 더해 주거나 빼 주는 방법
② 절미법 : 비대칭 분포의 꼬리를 잘라내는 방법
③ 면적환산법 : 각 검사 점수들의 백분위를 통해 백분위에 해당하는 Z점수를 찾는 방법

이렇게 정규분포의 문제까지 해결하고 나면 검사 점수에 맞는 규준을 만들어 내게 되는데, 이때 규준은 집단 내의 점수를 바탕으로 작성된 집단 내 규준과 발달 단계를 바탕으로 개발한 발달 규준으로 나뉘어지게 된다.

발달 규준은 원점수가 일련의 정상적인 발달 과정 또는 단계에서 한 개인이 어디쯤 속하는지 알 수 있도록 나타낸 점수이다. 예를 들어 6세의 아동이 지능검사에서 10세 아동들의 평균 점수에 해당되는 점수를 받았을 경우 원점수를 '정신 연령 10세'로 나타낼 수 있다. 초등학교 3학년 아동이 학력고사에서 받은 산수 점수가 5학년 학생들의 평균 점수라면 산수 점수 대신 '학년 수준 5'라고 표현할 수 있다.

① 연령 규준 : 연령을 이용하여 규준을 제작한 것
② 학년 규준 : 학년별 평균이나 중앙치를 이용하여 규준을 제작
③ 서열 규준 : 수검자의 행동을 관찰하여 행동의 발달 단계를 이용하여 규준을 제작

집단 내 규준은 통계적 분석에 적합한 자료로 규준 집단의 점수를 규준 점수로 나타낸 것이다. 규준 점수는 크게 3가지로 나눌 수 있다.

① 백분위 점수 : 원점수를 백분율로 표시한 점수로 예를 들어 백분위 점수가 80점이라면 자신보다 낮은 점수의 사람이 80%가 있음을 의미한다.
② 표준 점수 : 평균으로부터 떨어진 거리를 표시한 점수로 Z점수는 평균이 0이고 표준편차가 1인 표준점수이며, T점수는 평균이 50이고 표준편차가 10인 표준점수이다. 이때 T점수가 63점인 사람은 평균보다 1 표준편차 이상으로 잘한다고 말할 수 있다.
③ 표준등급 : 원점수를 일정한 비율로 1~9등급으로 나타낸 점수로, 예를 들어 고교 내신에서 1등급을 맞았다면 그 학생은 상위 4%에 있다고 할 수 있다.

현재 시행되고 있는 고용노동부의 대부분의 검사는 표준점수인 T점수로 산출되고 있으며, 지능검사는 평균이 100이고 표준편차가 15인 DIQ지수를 사용하고 있다.

이외에도 심리검사에서 활용하는 다양한 용어들이 있는데, 대표적으로 집단의 대푯값을 나타내는 중앙측정치의 값과 분산의 정도를 나타내는 값이 있다.

(1) 중앙측정치의 값
    ① 중앙값 : 한 집단의 점수분포에서 상위 1/2과 하위 1/2로 나누는 점을 말한다.
    ② 최빈값 : 측정값 중 가장 많은 빈도를 지닌 점수를 말한다.
    ③ 평균 : 측정값을 모두 더한 후 집단의 수로 나눈 값을 말한다.

(2) 분산 정도를 나타내는 값
    ① 범위 : 최고 점수와 최저 점수까지의 거리
    ② 표준편차 : 평균으로부터 떨어진 거리
    ③ 사분위편차 : 점수를 크기순으로 나열한 후 상위 25%와 하위 25% 위치에 해당하는 점수의 범위를 2로 나누어 얼마나 중간 부분에 집중되어 있는가를 나타내는 퍼짐의 정도

요약 · 정리

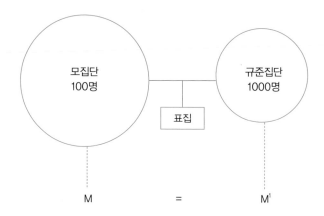

표준오차 : 표본들의 평균과 모집단의 평균 간의 간격(5% 내외)

측정의 표준오차(SEM) : 어떤 검사를 실시할 때마다 달라지는 오차의 범위로, 예를 들어 IQ점수가 110인 어떤 학생이 이 검사를 여러 번 반복한다면 약 10점(2×5)의 범위 내에서 변화할 것이라고 95%의 신뢰수준에서 말할 수 있다. 즉, 한 개인에게 100번의 검사를 실시할 때 95번은 100점과 120점 사이에 해당하는 점수를 얻지만 나머지 5번은 이 범위 밖의 점수를 얻게 될 것이라고 해석한다.

표집

① 단순무선표집 : 일련 번호를 부여하고 무선적으로 표집하는 방법
② 계통표집 : 일련 번호를 부여하고, K번째를 표집하는 방법
③ 층화표집 : 이질적인 하위집단의 경우, 집단별로 무선표집하는 방법
④ 집략표집 : 동질적인 하위집단의 경우 집단 자체를 표집하는 방법

표집에 따른 오차

① 무선표집 오차 : 필연적으로 발생하는 오차로 표집의 수를 늘려 오차를 줄일 수 있다.
② 편파에 의한 오차 : 성별, 연령 등의 편파에 의해 발생하는 오차로 표집의 수를 늘리기보다는 표집의 방법을 달리하여야 한다.

표집 절차 오류 해결방법

① 모집단 확정 : 연구 목적에 맞는 자료를 얻으려면 명확한 모집단의 규정이 이루어져야 한다
② 표집 틀 선정 : 지역적 편중이나 계층적 편중이 일어나면 정규분포가 이상해지므로 규준집단이 모집단을 잘 대표하여야 한다.
③ 표집 방법 결정 : 적절치 못한 표집 방법을 쓸 때 정규분포가 이상해지므로 적절한 표집 방법을 써야 한다.

정규분포에서 벗어나는 것을 해결하기 위한 방법

① 완곡화법 : 정규분포의 모양을 갖도록 점수를 더해 주거나 빼 주는 방법
② 절미법 : 비대칭 분포의 꼬리를 잘라내는 방법
③ 면적환산법 : 각 검사 점수들의 백분위를 통해 백분위에 해당하는 Z점수를 찾는 방법

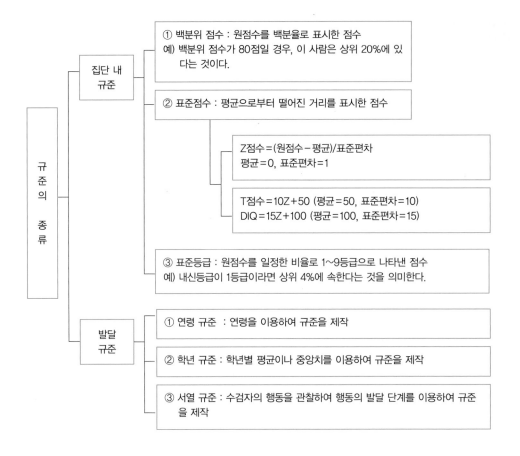

① 백분위 점수 : 원점수를 백분율로 표시한 점수
예) 백분위 점수가 80점일 경우, 이 사람은 상위 20%에 있다는 것이다.

② 표준점수 : 평균으로부터 떨어진 거리를 표시한 점수

Z점수＝(원점수－평균)/표준편차
평균＝0, 표준편차＝1

T점수＝10Z＋50 (평균＝50, 표준편차＝10)
DIQ＝15Z＋100 (평균＝100, 표준편차＝15)

③ 표준등급 : 원점수를 일정한 비율로 1~9등급으로 나타낸 점수
예) 내신등급이 1등급이라면 상위 4%에 속한다는 것을 의미한다.

① 연령 규준 : 연령을 이용하여 규준을 제작

② 학년 규준 : 학년별 평균이나 중앙치를 이용하여 규준을 제작

③ 서열 규준 : 수검자의 행동을 관찰하여 행동의 발달 단계를 이용하여 규준을 제작

집단 내 규준 / 발달 규준 / 규준의 종류

■ 중앙측정치의 값

① 중앙값 : 한 집단의 점수 분포에서 상위 1/2과 하위 1/2로 나누는 점을 말한다.

② 최빈값 : 측정값 중 가장 많은 빈도를 지닌 점수를 말한다.

③ 평균 : 측정값을 모두 더한 후 집단의 수로 나눈 값을 말한다.

■ 분산 정도를 나타내는 값

① 범위 : 최고 점수와 최저 점수까지의 거리

② 표준편차 : 평균으로부터 떨어진 거리

③ 사분위편차 : 점수를 크기순으로 나열한 후 상위 25%와 하위 25% 위치에 해당하는 점수의 범위를 2로 나누어 얼마나 중간 부분에 집중되어 있는가를 나타내는 퍼짐의 정도

| 기출문제 |

01 집단 내 규준 3가지를 예를 들어 설명하시오.

★★★ [150117, 140302, 120306, 120206, 100409, 090210, 090303, 080114, 070103]

☞ 모범답안
① 백분위 점수 : 원점수를 백분율로 표시한 점수로, 예를 들어 백분위 점수가 80점이라면 자신보다 낮은 점수의 사람이 80%가 있음을 의미한다.
② 표준점수 : 평균으로부터 떨어진 거리를 표시한 점수로 Z점수는 평균이 0이고 표준편차가 1인 표준점수이며, T점수는 평균이 50이고 표준편차가 10인 표준점수이다. 이때 T점수가 63점인 사람은 평균보다 1 표준편차 이상으로 잘한다고 말할 수 있다.
③ 표준등급 : 원점수를 일정한 비율로 1~9등급으로 나타낸 점수로, 예를 들어 고교내신에서 1등급을 맞았다면 그 학생은 상위 4%에 있다고 할 수 있다.

02 집단 내 규준의 종류 3가지를 쓰고 설명하시오.

★★★

☞ 모범답안
① 백분위 점수 : 원점수를 백분율로 표시한 점수
② 표준점수 : 평균으로부터 떨어진 거리를 표시한 점수
③ 표준등급 : 원점수를 일정한 비율로 1~9등급으로 나타낸 점수

03 규준 제작 시 사용되는 표집 방법 3가지를 쓰고 설명하시오.

★★★ [150304, 150111, 110304, 100105]

☞ 모범답안
① 단순무선표집 : 일련 번호를 부여하고 무선적으로 추출하는 방법
② 층화표집 : 이질적인 하위집단의 경우, 집단별로 무선표집하는 방법
③ 집락표집 : 동질적인 하위집단의 경우, 집단 자체를 표집하는 방법

04 어떤 집단의 심리검사 점수가 분산되어 있는 정도를 판단하기 위하여 사용되는 기준 3가지를 쓰고 그 의미를 설명하시오.

★★ [140201, 110214, 080313]

☞ **모범답안**

① 범위 : 최고 점수와 최저 점수까지의 거리

② 표준편차 : 평균으로부터 떨어진 거리

③ 사분위편차 : 점수를 크기순으로 나열한 후 상위 25%와 하위 25% 위치에 해당하는 점수의 범위를 2로 나누어 얼마나 중간 부분에 집중되어 있는가를 나타내는 퍼짐의 정도

05 집단의 심리검사 점수 중 집중경향도인 대푯값을 알아보는 방법 3가지를 쓰고 설명하시오.

★★ [150116]

☞ **모범답안**

① 중앙값 : 한 집단의 점수 분포에서 상위 1/2과 하위 1/2로 나누는 점을 말한다.

② 최빈값 : 측정값 중 가장 많은 빈도를 지닌 점수를 말한다.

③ 평균 : 측정값을 모두 더한 후 집단의 수로 나눈 값을 말한다.

06 고용 표준화를 위해 수집된 자료가 정규분포에서 벗어나는 것은 검사도구의 문제보다는 표집 절차의 오류에 원인이 있다. 이를 해결하기 위한 방법을 3가지 쓰고 각각에 대해 설명하시오.

★ [110202]

☞ **모범답안**

① 모집단 확정 : 연구 목적에 맞는 자료를 얻으려면 명확한 모집단의 규정이 이루어져야 한다.

② 표집 틀 선정 : 지역적 편중이나 계층적 편중이 일어나면 정규분포가 이상해지므로, 규준 집단이 모집단을 잘 대표하여야 한다.

③ 표집 방법 결정 : 적절치 못한 표집 방법을 쓸 때, 정규분포가 이상해지므로 적절한 표집 방법을 사용하여야 한다.

07 측정의 표집오차에 대해 설명하시오.
★ [020105]

☞ **모범답안**

측정의 표집오차란 모집단 전체를 조사할 수 없기 때문에 나타나는 오차로 필연적으로 나타나는 무선표집 오차와 지역적, 계층적 편파에 의해 나타나는 편파에 의한 오차로 구분된다.

08 규준의 종류 중 발달 규준 3가지를 쓰고 각각에 대해 설명하시오.
★ [120110]

☞ **모범답안**

① 연령 규준 : 연령을 이용하여 규준을 제작한 것
② 학년 규준 : 학년별 평균이나 중앙치를 이용하여 규준을 제작한 것
③ 서열 규준 : 수검자의 행동을 관찰하여 행동의 발달 단계를 이용하여 규준을 제작한 것

09 측정의 표준오차(SEM)를 예를 들어 설명하시오.
★ [100405]

☞ **모범답안**

① 어떤 검사를 매번 실시할 때마다 달라지는 오차의 범위를 말한다.
② 예를 들어 IQ점수가 110인 어떤 학생이 이 검사를 여러 번 반복한다면 약 10점(2×5)의 범위 내에서 변화할 것이라고 95%의 신뢰 수준에서 말할 수 있다. 즉, 한 개인에게 100번의 검사를 실시할 때 95번은 100점과 120점 사이에 해당하는 점수를 얻지만 나머지 5번은 이 범위 밖의 점수를 얻게 될 것이라고 해석한다.

10 표준화를 위해 수집한 자료가 정규분포에서 벗어나는 것을 해결하기 위한 방법 3가지를 쓰고 각각에 대해 설명하시오.
★ [130118]

☞ **모범답안**

① 완곡화법 : 정규분포의 모양을 갖도록 점수를 더해 주거나 빼 주는 방법
② 절미법 : 비대칭 분포의 꼬리를 잘라내는 방법
③ 면적환산법 : 각 검사 점수들의 백분위를 통해 백분위에 해당하는 Z점수를 찾는 방법

11 직업상담사가 구직자 A와 B에게 각각 동형검사인 직무능력검사(I형)과 직무능력검사(II형)을 실시한 결과 A는 115, B는 124점을 얻었으나 검사유형이 다르기 때문에 두 사람의 점수를 직접 비교할 수 없다. A와 B 중 누가 더 높은 직무능력을 갖추었는지 각각 표준점수인 Z점수를 산출하고 이를 비교하시오(각각의 Z점수는 소수점 둘째자리까지 산출하며, 계산과정을 반드시 기재하시오).

- 직무능력검사(I) 평균 : 100, 표준편차 : 7
- 직무능력검사(II) 평균 : 100, 표준편차 : 15

[140307, 070202]

☞ **모범답안**

① Z점수=(원점수−평균)/표준편차

② A의 Z점수=(115−100)/7

$\qquad$ =2.14

③ B의 Z점수=(124−100)/15

$\qquad$ =1.60

④ A는 평균보다 2표준편차 이상으로 높은 직무능력을 가지고 있는 반면, B는 평균보다 1표준편차 이상으로 높은 직무능력을 가지고 있으므로 A가 B보다 직무능력이 우수하다고 할 수 있다.

3 신뢰도

이론 스토리

좋은 심리검사 도구가 되기 위해서는 검사의 신뢰성이 필요하다. 신뢰도란 검사 결과의 일관성을 의미하는 것으로서, 만약 오늘 흥미검사에서 R형이 나온 사람이 6달 후, 1년 후에도 R형이 나온다면 일관성 있는 검사라고 볼 수 있을 것이다. 그러나 오늘 R형이 나왔는데 6달 후에는 S형, 1년 후에 E형이 나온다고 한다면 일관성에 문제가 있으며 이러한 검사는 신뢰를 하기가 어려울 것이다. 그러므로 검사의 신뢰도를 측정하는 것은 의미가 있는 작업이다. 신뢰도를 측정하는 방법에는 그 내용에 따라 3가지, 즉 검사－재검사 신뢰도, 동형검사 신뢰도, 반분 신뢰로 분류시킬 수 있다.

검사－재검사 신뢰도(동등성계수)는 동일한 검사를 동일한 사람에게 시간 간격을 두고 두 번 실시하여 두 점수간의 상관계수를 구하는 방법이다. 시간 간격을 두고 상관계수를 구하다 보니 시간적인 변인이 검사 결과에 영향을 미치게 되는데, 검사－재검사 신뢰도에 영향을 미치는 변인은 다음과 같다.

① 이월 효과 : 첫 번째 검사에서의 기억이 재검사에 영향을 미치는 효과를 말한다.
② 반응민감성 효과 : 검사 기간의 길고 짧음에 따라 반응에 대한 민감도가 달라져 신뢰도가 달라진다.
③ 물리적 환경의 변화 : 검사와 재검사 날짜의 기후와 컨디션의 변화는 신뢰도에 영향을 미친다.
④ 수검자의 변화 : 발달 속도가 빠른 어린 아동을 대상으로 하는 검사일 경우 심리적 속성의 변화로 인해 신뢰도에 영향을 미치게 된다.

이러한 변인을 최소화 시키기 위하여 검사－재검사를 통해 신뢰도를 추정할 때에는 다음의 내용이 충족되어야 한다.

① 측정 내용 자체가 일정 시간이 경과하더라도 변하지 않는다고 가정할 수 있어야 한다.
② 최초 검사 경험이 재검사의 점수에 아무런 영향을 미치지 않는다는 가정이 있어야 한다.
③ 검사와 재검사 사이의 학습활동이 두 번째 검사에 영향을 미치지 않는다는 가정이 있어야 한다.

이러한 불편을 보완하기 위하여 연구자들은 검사를 동시에 실시하여 신뢰도를 측정하고자 했는데, 이렇게 측정된 신뢰도를 동형검사 신뢰도라고 한다. 동형검사 신뢰도(안정성계수)는 한 사람이 비슷한 유형의 검사 2가지를 동시에 실시하여 두 점수 간의 상관계수를 구하는 방법이다. 그러나 동형검사 신뢰도 역시 다음과 같은 몇 가지의 제한점으로 인하여 실시하는 데 어려움이 생긴다.

① 검사 절차 및 환경의 차이
② 검사 내용 및 유형
③ 난이도상의 차이
④ 문항의 속성 또는 반응 수의 차이
⑤ 기억의 이월 효과

앞에서 보듯이 동형검사 신뢰도 역시 다음과 같은 3가지의 단점으로 인하여 실시하는 데 어려움이 있다.

① 이월효과 : 첫 번째 검사에서의 기억이 재검사에 영향을 미친다.
② 검사 내용 및 난이도를 맞춘 동형검사의 제작이 어렵다.
③ 문항을 2배로 제작해야 하므로 비용이 많이 든다.

시간과 비용을 들여 동형검사를 만들지 않고 하나의 검사로 동시에 신뢰도를 측정하기 위하여 반분신뢰도의 방법이 등장하게 된다. 반분신뢰도(내적합치도 계수)는 문항을 반으로 나누어 실시한 후 두 문항 간의 상관계수를 구하는 방법이다. 문항을 반분을 할 때 크게 3가지의 방법을 사용하게 된다.

① 전후반분법 : 문항을 전후로 반분하는 방법
② 기우반분법 : 문항을 홀짝으로 반분하는 방법
③ 난수표법 : 무작위로 비슷한 문항끼리 짝지어 반분하는 방법

기본적으로 상관계수가 존재할 때에는 그 계수에 영향을 미치는 변인이 존재하기 마련이다. 일관성을 측정하는 신뢰도(검사-재검사, 동형검사, 반분신뢰도)는 모두 상관계수를 바탕으로 구해지기 때문에 다음과 같이 신뢰도에 영향을 미치는 요인이 있다.

① 개인차 : 검사 집단의 개인차가 클수록 신뢰도계수는 커진다.
② 문항 수 : 문항 수가 많을수록 신뢰도는 커지지만 정비례하여 커지는 것은 아니다.
③ 문항의 반응 수 : 문항의 반응 수에 따라 신뢰도계수는 달라진다.
④ 신뢰도 추정 방법 : 신뢰도 추정 방법에 따라 신뢰도계수는 달라지게 된다.

높은 신뢰도의 검사는 완성도가 높은 검사라고 볼 수 있을 것이다. 그래서 많은 연구자들이 신뢰도를 측정하는 과정에서 신뢰도를 제고시키기 위한 노력을 하게 된다. 그렇다면 신뢰도를 높이

기 위하여 신뢰도 측정 중 할 수 있는 것이 무엇이 있을까?

① 문항 및 문항의 반응 수를 늘린다.
② 신뢰도에 나쁜 영향을 주는 문항을 제거한다.
③ 검사 실시와 채점 과정을 표준화한다.

신뢰도는 검사뿐만 아니라 채점을 할 때에도 발생할 수 있다. 즉, 똑같은 답에 세 사람의 채점자가 모두 높은 점수를 준다면 채점자 간 신뢰도가 좋다고 할 수 있지만, 세 사람의 채점이 모두 다르다면 답에 대한 점수를 신뢰하기가 어려워질 것이다. 이때 채점자 간 신뢰도에 영향을 미칠 수 있는 오류의 유형은 다음과 같다.

① 중앙집중경향의 오류 : 평가를 할 때 평균으로 주려고 하여 생기는 오류
② 관용의 오류 : 타인을 평가할 때 실제 능력보다 관대하게 평가하려는 오류
③ 인상의 오류 : 첫인상으로 평가된 것으로 나머지를 일반화할 때 생기는 오류

요약 · 정리

■ 검사-재검사 신뢰도(안정성계수)

(1) 의미

동일한 검사를 동일한 사람에게 시간 간격을 두고 두 번 실시하여 두 점수 간의 상관계수를 구하는 방법

(2) 영향을 미치는 요인

① 이월효과 : 첫 번째 검사에서의 기억이 재검사에 영향을 미친다.

② 반응민감성효과 : 검사기간의 길고 짧음에 따라 신뢰도가 달라진다.

③ 물리적 환경의 변화 : 기후, 컨디션의 변화는 검사-재검사 신뢰도에 영향을 미친다.

④ 수검자의 변화 : 발달속도가 빠른 아동을 대상으로 하는 검사일 경우 심리적 속성의 변화가 신뢰도에 영향을 미친다.

■ 동형검사 신뢰도(동등성계수)

(1) 의미

한 사람이 비슷한 유형의 검사 2개를 동시에 실시하여 두 점수 간의 상관계수를 구하는 방법

(2) 단점

① 첫 번째 검사에서의 기억이 재검사에 영향을 미치는 이월효과를 배제하지 못한다.

② 동형검사의 제작이 어렵다.

③ 문항을 2배로 제작해야 하므로 많은 비용이 든다.

(3) 영향을 미치는 요인

① 검사 절차 및 환경상의 차이

② 검사 내용 및 유형

③ 난이도상의 차이

④ 문항의 속성 또는 반응 수의 차이

⑤ 기억의 이월효과

■ 반분신뢰도(내적합치도계수)

(1) 의미

문항을 반으로 나누어 실시하여, 두 문항 간의 상관계수를 구하는 방법

(2) 방법

① 전후반분법 : 문항을 전후로 반분하는 방법

② 기우반분법 : 문항을 홀, 짝으로 반분하는 방법

③ 난수표법 : 무작위로 비슷한 문항끼리 짝지어 반분하는 방법

■ 검사－재검사를 통해 신뢰도 추정 시 충족되어야 할 요건

① 측정내용 자체가 일정시간이 경과하더라도 변하지 않는다고 가정할 수 있어야 한다.

② 최초 검사 경험이 재검사의 점수에 아무런 영향을 미치지 않는다는 가정이 있어야 한다.

③ 검사와 재검사 사이의 학습활동이 두 번째 검사에 영향을 미치지 않는다는 가정이 있어야 한다.

■ 신뢰도에 영향을 미치는 요인

① 개인차 : 개인차가 클수록 신뢰도계수는 커진다.

② 문항 수 : 문항 수가 많을수록 신뢰도는 커지지만 정비례하여 커지는 것은 아니다.

③ 문항의 반응 수 : 문항의 반응 수에 따라 신뢰도계수는 달라진다.

④ 신뢰도 추정방법 : 신뢰도 추정방법에 따라 신뢰도계수는 달라진다.

■ 신뢰도 제고방법

① 문항 및 문항의 반응 수를 늘린다.

② 신뢰도에 나쁜 영향을 주는 문항을 제거한다.

③ 검사 실시와 채점 과정을 표준화한다.

■ 채점자 간 신뢰도에 따른 평정상의 오차

① 중앙집중경향의 오류 : 평가를 할 때 평균으로 주려고 하여 생기는 오류

② 관용의 오류 : 타인을 평가할 때 실제 능력보다 관대하게 평가하려는 오류

③ 인상의 오류 : 첫인상으로 평가된 것을 바탕으로 나머지를 일반화하려는 오류

| 기출문제 |

01 신뢰도 검증방법 중 검사-재검사법의 단점을 4가지 쓰고 설명하시오.

★★★ [140317, 130305, 120207, 090301, 090116]

☞ **모범답안**

① 이월 효과 : 첫 번째 검사에서의 기억이 재검사에 영향을 미치는 효과를 말한다.

② 반응민감성 효과 : 검사 기간의 길고 짧음에 따라 반응에 대한 민감도가 달라져 신뢰도가 달라진다.

③ 물리적 환경의 변화 : 검사와 재검사 날짜의 기후와 컨디션의 변화는 신뢰도에 영향을 미친다.

④ 수검자의 변화 : 발달 속도가 빠른 어린 아동을 대상으로 하는 검사일 경우 심리적 속성의 변화로 인해 신뢰도에 영향을 미치게 된다.

02 검사-재검사를 통해 신뢰도를 추정할 때 충족되어야 할 요건 3가지를 쓰시오.

★★★ [150309]

☞ **모범답안**

① 측정 내용 자체가 일정 시간이 경과하더라도 변하지 않는다고 가정할 수 있어야 한다.

② 최초 검사 경험이 재검사의 점수에 아무런 영향을 미치지 않는다는 가정이 있어야 한다.

③ 검사와 재검사 사이의 학습활동이 두 번째 검사에 영향을 미치지 않는다는 가정이 있어야 한다.

03 심리검사의 신뢰도에 영향을 주는 요인을 4가지만 쓰고 설명하시오.

★★★ [140318, 100209, 100112, 070313]

☞ **모범답안**

① 개인차 : 검사 집단의 개인차가 클수록 신뢰도계수는 커진다.

② 문항 수 : 문항 수가 많을수록 신뢰도는 커지지만 정비례하여 커지는 것은 아니다.

③ 문항의 반응 수 : 문항의 반응 수에 따라 신뢰도계수는 달라진다.

④ 신뢰도 추정 방법 : 신뢰도 추정 방법에 따라 신뢰도 계수는 달라지게 된다.

04 심리검사의 신뢰도 종류와 신뢰도에 영향을 주는 요인을 3가지씩 쓰시오.

★★★ [140318, 100209, 100112, 070313]

☞ **모범답안**

(1) 신뢰도의 종류

　① 검사-재검사 신뢰도

　② 동형검사 신뢰도

　③ 반분 신뢰도

(2) 신뢰도에 영향을 주는 요인

　① 개인차

　② 문항 수

　③ 문항의 반응 수

05 직업심리검사의 신뢰도를 추정하는 방법을 3가지 쓰고 각각에 대해 설명하시오.

★★★ [130105, 100112, 090209, 060308]

☞ **모범답안**

① 검사-재검사 신뢰도 : 동일한 검사를 동일한 사람에게 시간 간격을 두고 두 번 실시하여 두 점수 간의 상관계수를 구하는 방법

② 동형검사 신뢰도 : 한 사람이 비슷한 유형의 검사 2개를 동시에 실시하여 두 점수 간의 상관계수를 구하는 방법

③ 반분 신뢰도 : 문항을 반으로 나누어 실시하여 두 문항 간의 상관계수를 구하는 방법

06 신뢰도 추정의 검사-재검사법, 동형검사법의 의미와 단점을 기술하시오.

★★★ [130105, 100112, 090209, 060308]

☞ **모범답안**

(1) 검사의 의미

　① 검사-재검사 신뢰도 : 동일한 검사를 동일한 사람에게 시간 간격을 두고 두 번 실시하여 두 점수 간의 상관계수를 구하는 방법

　② 동형검사 신뢰도 : 한 사람이 비슷한 유형의 검사 2개를 동시에 실시하여 두 점수 간의 상관계수를 구하는 방법

(2) 검사의 단점

　① 검사-재검사 신뢰도 : 기억이 이월되는 이월 효과와 반응 민감성 효과의 영향을 받는다.

　② 동형검사 신뢰도 : 동형검사의 제작이 어려우며 문항을 2배로 제작해야 하므로 비용이 많이 든다.

07 측정의 신뢰성을 높이기 위해서는 측정오차를 최대한 줄여야 한다. 측정오차를 최대한 줄이기 위한 구체적인 방법 3가지를 기술하시오.

★★ [130205, 100306, 010305]

☞ **모범답안**

① 문항 및 문항의 반응 수를 늘린다.

② 신뢰도에 나쁜 영향을 주는 문항을 제거한다.

③ 검사 실시와 채점 과정을 표준화한다.

08 반분 신뢰도 추정을 위해 가장 많이 사용하는 3가지 방법을 쓰고 설명하시오.

★★ [120302, 030201]

☞ **모범답안**

① 전후반분법 : 문항을 전후로 반분하는 방법

② 기우반분법 : 문항을 홀짝으로 반분하는 방법

③ 난수표법 : 무작위로 비슷한 문항끼리 짝지어 반분하는 방법

09 사람의 직업 적성을 알아보기 위해 같은 명칭의 A적성검사와 B적성검사를 두 번 반복 실시했는데 두 검사의 점수가 차이를 보여 이 사람의 정확한 적성을 판단하기 매우 어려운 상황이 발생하였다. 이와 같은 동일한 유형의 유사한 심리검사에서 결과가 서로 다르게 나타날 수 있는 가능한 원인 5가지를 쓰시오.

★★ [100406, 070307]

☞ **모범답안**

① 검사 절차 및 환경의 차이

② 검사 내용 및 유형

③ 난이도상의 차이

④ 문항의 속성 또는 반응 수의 차이

⑤ 기억의 이월 효과

10 지필검사나 평정이 요구되는 관찰 혹은 면접 시 채점자, 평정자로 인해 발생하는 오차의 유형 3
가지를 쓰고 설명하시오.
★★ [140108]

☞ 모범답안
① 중앙집중경향의 오류 : 평가를 할 때 평균으로 주려고 하여 생기는 오류
② 관용의 오류 : 타인을 평가할 때 실제 능력보다 관대하게 평가하려는 오류
③ 인상의 오류 : 첫인상으로 평가된 것으로 나머지를 일반화할 때 생기는 오류

11 심리검사에서 검사－재검사 신뢰도와 반분 신뢰도에 대해서 쓰고, 어떤 계수를 쓰며 어떻게 구하
는지 설명하시오.
★★ [030108]

☞ 모범답안
(1) 의미
① 검사－재검사 신뢰도 : 동일한 대상에게 동일한 검사를 측정한 후 일정 시간이 지난 후 재측정하여 두 점수 간
의 상관계수를 구하는 방법
② 반분 신뢰도 : 문항을 반으로 나누어 두 문항 간의 상관계수를 구하는 방법
(2) 계수 및 추정 방법
① 검사－재검사 신뢰도 : 안정성 계수를 사용하며 재검사에 의한 반복 측정을 통해 그 결과에 대한 상관관계를
계산하는 방법으로 신뢰도를 추정한다.
② 반분 신뢰도 : 내적합치도 계수를 사용하며 조사 항목의 반으로 조사 결과를 획득한 다음 항목의 다른 반쪽을
동일 대상에게 적용하여 얻은 결과의 일치성 정도를 비교하여 신뢰도를 추정한다.

4 타당도

이론 스토리

신뢰도가 검사의 일관성을 측정하는 것이라면 타당도는 검사가 측정하고자 하는 속성을 얼마나 잘 측정하고 있는지를 나타낸다고 할 수 있다. 가령, 성격검사가 성격만을 측정했다면 타당도가 높은 검사가 될 것이다. 그러나 성격검사가 개인의 적성이나 가치를 측정하고 있다면 이 검사는 측정하고자 하는 속성을 잘 측정하지 못하는 검사가 될 것이다. 이렇듯 검사가 측정하고자 하는 속성을 제대로 측정할 때 우리는 좋은 검사라고 할 수 있다.

타당도를 측정하는 방법은 크게 4가지로 구성되어 있다.

① 내용타당도 : 전문가가 검사가 측정하고자 하는 속성을 얼마나 잘 반영했는지 파악하는 방법
② 안면타당도 : 일반인이 검사가 측정하고자 하는 속성을 얼마나 잘 반영했는지 파악하는 방법
③ 예언타당도 : 검사가 측정하고자 하는 속성을 얼마나 잘 예측하는지를 파악하는 방법
④ 구성타당도 : 검사가 측정하고자 하는 속성을 얼마나 잘 측정했는지를 파악하는 방법

이 중, 직업상담 분야의 심리검사는 다음의 2가지 이유로 인하여 준거타당도를 특히 중요하게 여기고 있다.

① 내담자가 검사를 통해 잘못된 적성과 흥미를 고려한 직업을 선택할 때 시간과 비용의 낭비가 크다.
② 기업의 입장에서 준거타당도가 낮은 검사로 배치를 할 경우 생산성의 약화를 가져오게 된다.

준거타당도는 검사와 준거의 상관계수를 바탕으로 검사가 측정하고자 하는 속성을 잘 예측했는지를 확인하는 방법으로 현재에 초점을 맞춰서 상관계수를 구하느냐, 미래에 초점을 맞춰서 상관계수를 구하느냐에 따라서 크게 2가지 방법으로 실시할 수 있다.

① 예언타당도(미래에 초점) : 검사를 실시하고 일정 기간이 지난 후 준거를 측정하여 두 점수 간의 상관계수를 구하는 방법이다. 예를 들어, 수능에서 좋은 성적을 받았던 학생이 대학교에서 좋은 성적을 받았다면 수능검사는 대학수학능력을 잘 예측했다고 할 수 있을 것이다.
② 동시타당도(현재에 초점) : 검사와 준거를 동시에 측정하여 두 점수 간의 상관계수를 구하는 방법이다. 예를 들어, 한 회사에서 영어 시험지를 만들었으며 이 영어시험지로 영어회화 능력을 평가하고 싶다. 이런 경우에는 시중에 검증된 준거 자료인 TOS시험이 존재하므로 새로 만든 영어시험과 TOS를 동시에 측정하여 영어시험에서 높은 점수를 맞은 사람이 TOS에서도 높은 점수를 맞는다면 새로운 영어시험이 영어회화 능력을 잘 예측했다고 할 수 있을 것이다.

준거타당도는 상관계수가 존재함에 따라 타당도계수에 영향을 미치는 변인이 존재하는데, 변인은 크게 4가지가 있다.

① 표집오차 : 표본이 모집단을 잘 대표하지 못하면 표집오차가 커지며 그 결과 타당도계수가 낮아진다.

② 준거 측정치의 신뢰도 : 준거측정치에 대한 일관성이 낮은 경우 준거타당도는 낮아지게 된다.

③ 준거 측정치의 타당도 : 준거결핍이나 준거오염이 있는 경우 준거타당도는 낮아지게 된다.

④ 범위 제한 : 준거타당도 계산을 위해 얻은 자료들이 검사점수와 준거점수의 일부만을 포괄하는 경우 준거타당도 계수는 낮아지게 된다.

검사가 측정하고 하는 속성만을 정확하게 반영했을 때, 좋은 검사라고 할 수 있다. 검사의 속성에 대한 측정이 되어 있는지를 알아보는 방법으로 구성타당도가 사용되고 있다. 구성타당도는 크게 3가지의 방법을 통해서 검사의 속성의 측정 여부를 알 수 있도록 한다.

① 수렴타당도 : 측정하고자 하는 속성과 관계있는 변인들의 상관관계가 높을 때 수렴타당도가 높다.

② 변별타당도 : 측정하고자 하는 속성과 관계없는 변인들의 상관관계가 낮을 때 변별타당도가 높다.

③ 요인분석법 : 검사를 구성하는 문항들을 분석하여 상관이 높은 문항들을 묶어 주는 통계적 기법

이때, 수렴타당도와 변별타당도를 동시에 확인할 수 있는 기법으로 중다특성 · 중다방법 행렬표를 이용할 수 있다. MTMM의 절차는 다음과 같다.

① 동일한 속성을 서로 다른 방법에 의해 측정한다.

② 얻어진 측정치를 바탕으로 행렬표를 작성한다.

③ 행렬표를 통해 수렴타당도와 변별타당도를 분석하여 구성타당도를 파악한다.

요약 · 정리

■ **내용타당도**

전문가가 측정하고자 하는 속성을 얼마나 잘 반영하고 있는지를 측정하는 것

■ **안면타당도**

일반인이 측정하고자 하는 속성을 얼마나 잘 반영하고 있는지를 측정하는 것

■ **준거타당도**

측정하고자 하는 속성을 얼마나 잘 예측하는지를 측정한 것

(1) 종류

① 예언타당도(미래 상황의 예측에 초점) : 검사를 실시하고 일정 기간이 지난 후 준거를 측정하여 두 점수 간의 상관계수를 구하는 방법(수능시험이 대학수학능력을 얼마나 잘 예측하는지를 측정)

② 동시타당도(현재를 측정하는 데 초점) : 검사와 준거를 동시에 측정하여 두 점수 간의 상관계수를 구하는 방법(새로 만든 영어시험과 TOS를 비교하여 영어회화능력을 얼마나 잘 예측하는지를 측정)

(2) 중요한 이유

① 내담자가 검사를 통해 잘못된 적성과 흥미를 고려한 직업을 선택할 때 시간과 비용의 낭비가 크다.

② 기업의 입장에서 준거타당도가 낮은 검사로 배치를 할 경우 생산성의 약화를 가져오게 된다.

(3) 영향을 미치는 요인

① 표집오차 : 표본이 모집단을 잘 대표하지 못하면 표집오차가 커지며 그 결과 타당도계수가 낮아진다.

② 준거측정치의 신뢰도 : 준거측정치에 대한 일관성이 낮은 경우 준거타당도는 낮아지게 된다.

③ 준거측정치의 타당도 : 준거결핍이나 준거오염이 있는 경우 준거타당도는 낮아지게 된다.

④ 범위 제한 : 준거타당도 계산을 위해 얻은 자료들이 검사 점수와 준거 점수의 일부만을 포괄하는 경우 준거타당도계수는 낮아지게 된다.

■ 구성타당도

　검사가 측정하고자 하는 속성을 얼마나 잘 측정하는지를 알아보는 것

(1) 종류

　① 수렴타당도 : 측정하고자 하는 속성과 관계있는 변인들의 상관관계가 높을 때 수렴타당
　　도가 높다.

　② 변별타당도 : 측정하고자 하는 속성과 관계없는 변인들의 상관관계가 낮을 때 변별타당
　　도가 높다.

　③ 요인분석법 : 검사를 구성하는 문항들을 분석하여 상관이 높은 문항들을 묶어 주는 통계
　　적 기법으로 MTMM 기법이 대표적이다.

(2) MTMM(다속성－다측정 행렬표＝중다특성·중다방법 행렬표)

　① 동일한 속성을 서로 다른 방법에 의해 측정한다.

　② 얻어진 측정치를 바탕으로 행렬표를 작성한다.

　③ 행렬표를 통해 수렴타당도와 변별 타당도를 분석하여 구성타당도를 파악한다.

| 기출문제 |

01 준거타당도의 의미와 준거타당도의 종류 2가지를 쓰고 설명하시오.

★★★ [140117, 130212, 120312, 120104, 110318, 110110, 100214, 080310, 060301, 060103, 020101, 000106]

☞ 모범답안

(1) 준거타당도의 의미 : 검사가 측정하고자 하는 속성을 얼마나 잘 예측하는지를 나타내는 것이다.

(2) 준거타당도의 종류

　① 예언타당도 : 검사를 실시하고 일정 기간이 지난 후 준거를 측정하여 두 점수 간의 상관계수를 구하는 방법

　② 동시타당도 : 검사와 준거를 동시에 측정하여 두 점수 간의 상관계수를 구하는 방법

02 예언타당도와 준거타당도인 동시타당도의 의미를 쓰고 차이점을 설명하시오.

★★★

☞ 모범답안

① 예언타당도 : 검사를 실시하고 일정 기간이 지난 후 준거를 측정하여 두 점수 간의 상관계수를 구하는 방법으로 미래의 결과에 초점을 둔다.

② 동시타당도 : 검사와 준거를 동시에 측정하여 두 점수 간의 상관계수를 구하는 방법으로 현재 상태의 측정에 초점을 둔다.

03 예언타당도와 동시타당도를 예를 들어 설명하시오.

★★★

☞ 모범답안

① 예언타당도 : 검사를 실시하고 일정 기간이 지난 후 준거를 측정하여 두 점수 간의 상관계수를 구하는 방법이다. 예를 들어, 수능에서 좋은 성적을 받았던 학생이 대학교에서 좋은 성적을 받았다면 수능검사는 대학수학능력을 잘 예측했다고 할 수 있을 것이다.

② 동시타당도 : 검사와 준거를 동시에 측정하여 두 점수 간의 상관계수를 구하는 방법이다. 예를 들어, 한 회사에서 영어시험지를 만들었으며 이 영어시험지로 영어회화능력을 평가하고 싶다. 이런 경우에는 시중에 검증된 준거 자료인 TOS시험이 존재하므로 새로 만든 영어시험과 TOS를 동시에 측정하여 영어시험에서 높은 점수를 맞은 사람이 TOS에서도 높은 점수를 맞는다면 새로운 영어시험이 영어회화 능력을 잘 예측했다고 할 수 있을 것이다.

04 다음 물음에 답하시오.
★★★

(1) 준거타당도의 종류 2가지를 쓰고 설명하시오.

☞ **모범답안**

① 예언타당도 : 검사를 실시하고 일정 기간이 지난 후 준거를 측정하여 두 점수 간의 상관계수를 구하는 방법으로 미래의 결과에 초점을 둔다.

② 동시타당도 : 검사와 준거를 동시에 측정하여 두 점수 간의 상관계수를 구하는 방법으로 현재 상태의 측정에 초점을 둔다.

(2) 여러 가지 타당도 중 특히 직업상담에서 준거타당도가 중요한 이유 2가지를 설명하시오.

☞ **모범답안**

① 내담자가 검사를 통해 잘못된 적성과 흥미를 고려한 직업을 선택할 때 시간과 비용의 낭비가 크다.

② 기업의 입장에서 준거타당도가 낮은 검사로 배치를 할 경우 생산성의 약화를 가져오게 된다.

(3) 실제 연구에서 타당도계수가 낮아지는 이유를 3가지로 설명하시오.

☞ **모범답안**

① 준거 측정치의 신뢰도 : 준거 측정치에 대한 일관성이 낮은 경우 준거타당도는 낮아지게 된다.

② 준거 측정치의 타당도 : 준거 결핍이나 준거 오염이 있는 경우 준거타당도는 낮아지게 된다.

③ 범위 제한 : 준거타당도 계산을 위해 얻은 자료들이 검사 점수와 준거 점수의 일부만을 포괄하는 경우 준거타당도계수는 낮아지게 된다.

05 준거타당도의 크기에 영향을 미치는 요인을 3가지만 쓰고 각각에 대해 설명하시오.
★★★

☞ **모범답안**

① 준거 측정치의 신뢰도 : 준거 측정치에 대한 일관성이 낮은 경우 준거타당도는 낮아지게 된다.

② 준거 측정치의 타당도 : 준거 결핍이나 준거 오염이 있는 경우 준거타당도는 낮아지게 된다.

③ 범위 제한 : 준거타당도 계산을 위해 얻은 자료들이 검사 점수와 준거 점수의 일부만을 포괄하는 경우 준거타당도계수는 낮아지게 된다.

06 구성타당도를 분석하는 3가지 방법을 쓰고 설명하시오.

★★★ [160115, 150203, 150118, 120315, 100310, 100116, 080117, 030109]

☞ 모범답안

① 수렴타당도 : 측정하고자 하는 속성과 관계있는 변인들의 상관관계가 높을 때 수렴타당도가 높다.
② 변별타당도 : 측정하고자 하는 속성과 관계없는 변인들의 상관관계가 낮을 때 변별타당도가 높다.
③ 요인분석법 : 검사를 구성하는 문항들을 분석하여 상관이 높은 문항들을 묶어 주는 통계적 기법

07 수렴타당도와 변별타당도의 의미를 각각 쓰고, 이를 다속성·다측정방법 행렬표(MTMM)로 확인하는 절차에 대해 설명하시오.

★★★

☞ 모범답안

(1) 수렴타당도와 변별타당도의 의미
　　① 수렴타당도 : 측정하고자 하는 속성과 관계있는 변인들의 상관관계가 높을 때 수렴타도가 높다.
　　② 변별타당도 : 측정하고자 하는 속성과 관계없는 변인들의 상관관계가 낮을 때 변별타당도가 높다.
(2) MTMM 절차
　　① 동일한 속성을 서로 다른 방법에 의해 측정한다.
　　② 얻어진 측정치를 바탕으로 행렬표를 작성한다.
　　③ 행렬표를 통해 수렴타당도와 변별 타당도를 분석하여 구성타당도를 파악한다.

08 타당도의 4종류를 쓰고 설명하시오.

★★★ [050103]

☞ 모범답안

① 내용타당도 : 전문가가 검사가 측정하고자 하는 속성을 얼마나 잘 반영했는지 파악하는 방법
② 안면타당도 : 일반인이 검사가 측정하고자 하는 속성을 얼마나 잘 반영했는지 파악하는 방법
③ 예언타당도 : 검사가 측정하고자 하는 속성을 얼마나 잘 예측하는지를 파악하는 방법
④ 구성타당도 : 검사가 측정하고자 하는 속성을 얼마나 잘 측정했는지를 파악하는 방법

5 심리검사의 종류

이론 스토리

상담에서 활용되는 검사는 크게 투사적 검사와 객관적 검사로 나눌 수 있다. 투사적 검사는 개인에게 내재된 성격 특성을 검사 자료를 통해 밖으로 드러나도록 함으로써 개인의 심리 상태를 파악하는 것으로 TAT나 로르샤흐 잉크반점검사 등이 이에 속한다. 반면 객관적 검사는 검사의 실시와 채점 및 해석이 객관화되어 있는 표준화된 검사로 MBTI나 직업선호도검사 등이 있다.

각 검사는 보유하고 있는 장단점이 서로 다르기 때문에 내담자의 심리적 속성에 따라 적절한 검사를 사용할 필요가 있다. 객관적 검사와 투사적 검사의 장단점은 요약·정리를 참조하시오.

요약 · 정리

구분	객관적 검사	투사적 검사
장점	1. 신뢰도와 타당도가 높다. 2. 검사의 시행과 채점이 용이하다. 3. 검사 시간과 노력이 절약된다. 4. 집단검사가 가능하다. 5. 검사의 객관성이 보장된다.	1. 반응의 독특성 2. 반응의 풍부함 3. 방어의 어려움
단점	1. 반응이 풍부하지 못하다. 2. 자신을 유리하게 왜곡하여 표현할 수 있다.	1. 신뢰도가 낮다. 2. 타당도가 낮다. 3. 개인 간 비교가 어렵다.

| 기출문제 |

01 심리검사에는 선다형이나 '예, 아니요' 등 객관적 형태의 자기보고형 검사(설문지 형태의 검사)가 가장 많이 사용된다. 이런 형태의 검사가 가지는 장점을 5가지 쓰시오.
　★★★ [160113, 140303, 090310, 060305, 020104, 010309, 000306]

☞ **모범답안**

① 신뢰도와 타당도가 높다　　　　④ 검사의 시행과 채점이 용이하다.
② 집단검사가 가능하다　　　　　⑤ 검사의 객관성이 보장된다.
③ 검사의 시간과 노력이 절약된다.

02 심리검사에서 '예, 아니요' 형식이나 객관적 자기보고식형의 장단점을 쓰시오.
　★★★

☞ **모범답안**

(1) 장점
　　① 신뢰도와 타당도가 높다.
　　② 집단검사가 가능하다.

(2) 단점
　　① 자신을 유리하게 왜곡하여 표현할 수 있다.
　　② 반응이 풍부하지 못하다.

03 심리검사 유형 중 투사적 검사의 장점 및 단점을 각각 3가지씩 쓰시오.
　★★★ [140217, 130112, 100314, 080305]

☞ **모범답안**

(1) 장점
　　① 내담자의 반응이 독특하게 나온다.
　　② 내담자의 풍부한 반응을 이끌어 낼 수 있다.
　　③ 내담자의 의도적인 방어를 방지할 수 있다.

(2) 단점
　　① 검사의 신뢰도와 타당도가 낮다.
　　② 내담자마다 반응이 다르므로 개인 간 비교가 어렵다.
　　③ 훈련된 전문가가 필요하기 때문에 상담 비용이 높다.

6 심리 평가의 기준 척도와 문항

요약 · 정리

■ 기본 척도

① 명명척도 : 어떤 사물을 분류하기 위해 부여한 수치나 기호

② 서열척도 : 명명척도의 분류 기능에 순위 기능을 추가한 척도

③ 등간척도 : 분류 기능, 순위 기능에다가 등간 기능을 추가한 척도

④ 비율척도 : 분류, 순위, 등간 기능뿐만 아니라 그 비율까지 나타내 주는 척도

■ 전통적 척도

① 응답자중심척도 : 여러 개의 문항으로 응답자의 태도를 측정하기 위한 척도(리커트척도)

② 자극반응중심척도 : 문항에 가중치를 부여하여 문항을 척도화하는 데 중점을 둔 척도(서스톤척도)

③ 반응중심척도 : 응답자의 행동과 문항을 동시에 척도화하는 데 중점을 둔 척도(거트만척도)

■ 심리검사 제작을 위한 예비문항 작성 시 고려해야 할 사항

① 문항의 적절성 : 특정 집단에 유리하지 않도록 제작하여야 한다.

② 문항의 난이도 : 문항의 난이도가 적절해야 한다.

③ 문항의 구조화 : 질문이 모호하지 않고 구체적으로 구조화되어야 한다.

| 기출문제 |

01 직업심리검사에서 측정의 기본 단위인 척도의 4가지 유형을 쓰고 각각에 대해 설명하시오.
★★ [160109, 120113, 060108, 030306]

☞ 모범답안

① 명명척도 : 어떤 사물을 분류하기 위해 부여한 수치나 기호
② 서열척도 : 명명척도의 분류 기능에다가 순위 기능을 추가한 척도
③ 등간척도 : 분류기능, 순위 기능에다가 등간 기능을 추가한 척도
④ 비율척도 : 분류, 순위, 등간 기능뿐만 아니라 그 비율까지 나타내 주는 척도

02 심리검사 제작을 위한 예비문항 제작 시 고려해야 할 3가지를 설명하시오.
★★ [100111, 070303, 040311]

☞ 모범답안

① 문항의 적절성 : 특정 집단에 유리하지 않도록 제작하여야 한다.
② 문항의 난이도 : 문항의 난이도가 적절해야 한다.
③ 문항의 구조화 : 질문이 모호하지 않고 구체적으로 구조화되어야 한다.

03 심리검사에서 가장 흔히 사용되는 전통적 척도화 방식 3가지를 쓰고, 설명하시오.
★ [120209]

☞ 모범답안

① 응답자중심척도 : 여러 개의 문항으로 응답자의 태도를 측정하기 위한 척도
② 자극반응중심척도 : 문항에 가중치를 부여하여 문항을 척도화하는 데 중점을 둔 척도
③ 반응중심척도 : 응답자의 행동과 문항을 동시에 척도화하는 데 중점을 둔 척도

7 심리 검사 실시

이론 스토리

상담자가 심리검사를 사용하기 위해서 가장 먼저 해야 할 것은 '문제를 파악하여 해결하기 위해서 검사를 사용하는지 자기 이해 증진을 위해서 사용할 것인지' 목적을 명확히 하는 것이다.

① 분류 및 진단 : 내담자의 문제를 파악하여 해결하기 위한 목적
② 자기 이해 증진 : 내담자의 자기 인식 능력을 증진시켜 합리적인 의사 결정을 하도록 하려는 목적
③ 예측 : 내담자의 특성을 밝혀서 미래를 어느 정도 예측하기 위한 목적

상담자는 목적이 명확해지면 목적에 맞는 심리검사를 선택하게 되는데, 심리검사를 선택을 할 때 유의하여야 할 사항이 있다.

① 검사를 사용할지 말지 여부를 결정한다.
② 검사는 내담자와 함께 선택하도록 한다.
③ 신뢰도와 타당도가 높은 검사를 선택하도록 한다.

검사 선택까지 끝나고 나면 상담사는 내담자에게 검사를 실시하게 되는데, 잘못된 방법으로 검사를 실시하게 되면 결과에 대한 오류가 발생될 수 있으므로 상담자는 검사를 실시할 때 발생되는 변인들은 최소화시킬 수 있도록 노력해야 한다. 검사 실시 시 영향을 미치는 요인은 크게 2가지로 나누어서 볼 수 있다.

(1) 효과에 따른 영향
① 강화효과 : 수검자에 대한 강화는 검사 결과에 영향을 미친다.
② 기대효과 : 검사자가 수검자의 검사 결과에 어떤 기대를 표명하는가에 따라 검사결과에 영향을 미친다.
③ 코칭효과 : 수검자가 검사자로부터 검사 설명이나 조언 등의 코칭을 어떻게 받았느냐가 검사 결과에 영향을 미친다.

(2) 개인의 일시적이고 독특한 변인
① 건강
② 피로
③ 정서적 긴장
④ 동기

검사 실시가 끝나고 나면 상담자는 내담자의 검사 결과에 대한 해석을 진행한다. 해석은 오리엔테이션과 함께 심리검사에서 가장 중요한 부분으로 상담자는 해석을 할 때에 반드시 지켜야 할 몇 가지의 사항이 있다.

① 전문적인 자질을 갖춘 사람이 해석할 것
② 규준에 따라 해석을 할 것
③ 중립적인 입장에서 해석할 것
④ 검사 결과에 대해 내담자가 이해할 수 있는 말을 사용한다.

해석을 하고 나면 상담자는 내담자에게 검사 결과를 전달하고 통합할 수 있도록 안내를 해야 한다. 틴슬리와 브래들리(Tinsley & Bradley)는 이러한 심리검사 결과의 검토 단계를 크게 4단계로 나누게 된다.

(1) 이해 단계
　① 해석 준비하기 : 상담자는 내담자의 검사 결과가 의미하는 바를 숙고한다.
　② 내담자 준비시키기 : 내담자가 해석을 잘 받아들일 수 있도록 준비시킨다.

(2) 통합 단계
　① 정보 전달하기 : 상담자는 검사 결과 및 정보들을 내담자에게 전달한다.
　② 추후활동 : 검사 결과를 통해 알게 된 내용을 내담자가 잘 통합할 수 잇도록 돕는다.

특히, 부정적인 검사 결과를 전달할 때에는 조금 더 주의를 기울여 내담자에게 결과 전달을 할 필요가 있는데, 이때의 주의점은 다음과 같다.

① 내담자가 충격을 받지 않도록 유의하여 검사 결과를 전달한다.
② 검사 결과에 대한 비밀 보장에 유의하면서 전달한다.

요약 · 정리

심리검사

① 사용 목적 명확히하기
- 분류 및 진단 : 내담자의 문제 파악하여 해결
- 자기 이해 증진 : 내담자의 자기 인식 능력을 증진시켜 합리적인 의사 결정을 하도록 한다.
- 예측 : 내담자의 특성을 밝혀 미래를 어느 정도 예측한다.

② 심리검사 선택
- 검사를 사용할지 말지 여부를 결정한다.
- 검사는 내담자와 함께 선택한다.
- 신뢰도와 타당도가 높은 검사를 선택한다.

③ 검사 실시
- 영향을 미치는 요인
  - 강화효과 : 수검자에 대한 강화는 검사 결과에 영향을 미친다.
  - 기대효과 : 검사자가 검사에 대해 어떤 기대를 표명하는지가 검사 결과에 영향을 미친다.
  - 코칭효과 : 검사 내용이나 방법에 대한 설명에 따라 검사 결과에 영향을 미친다.
- 개인의 일시적이고 독특한 변인 ⇨ 건강, 피로, 정서적 긴장, 동기

④ 검사 해석
- 전문적인 자질을 갖춘 사람이 해석할 것
- 규준에 따라 해석을 할 것
- 중립적인 입장에서 해석할 것
- 검사 결과에 대해 내담자가 이해할 수 있는 말을 사용할 것

⑤ 검사 결과 검토
- 해석 준비하기 : 상담사는 내담자의 검사 결과가 의미하는 바를 숙고
- 내담자 준비시키기 : 내담자가 해석을 잘 받아들일 수 있도록 준비
- 정보 전달하기 : 상담사는 검사 결과 및 정보들을 내담자에게 전달해야 한다. 이때 부정적 검사 결과를 전달할 때는 다음 사항에 유의해야 한다.
  - 내담자가 충격을 받지 않도록 유의한다.
  - 검사 결과에 대한 비밀보장에 유의한다.
- 추후 활동 : 내담자가 검사 결과를 잘 통합할 수 있도록 조력

■ 심리검사 실시 시 윤리적 고려사항

① 수검자의 알 권리가 보장되어야 한다.

② 수검자의 사생활이 보호되어야 한다.

③ 결과에 대한 해석을 오용해서는 안 된다.

④ 적절한 훈련을 받은 사람이 검사를 실시해야 한다.

⑤ 신뢰도와 타당도가 검증된 검사를 사용한다.

⑥ 검사 해석 시 내담자에게 상처 주는 언어는 피하도록 한다.

| 기출문제 |

01 직업상담에서 검사 선택 시 고려해야 할 사항 3가지를 쓰시오.

★★★ [130210, 100110, 070306, 070110, 000304]

☞ 모범답안

① 검사를 사용할지 말지 여부를 결정한다.
② 검사는 내담자와 함께 선택하도록 한다.
③ 신뢰도와 타당도가 높은 검사를 선택하도록 한다.

02 틴슬리와 브래들리가 제시한 검사 결과 검토의 2단계를 설명하시오.

★★ [120111, 070308]

☞ 모범답안

① 이해 단계 : 내담자의 검사 결과가 의미하는 바를 숙고하며 내담자가 해석을 잘 받아들일 수 있도록 준비시킨다.
② 통합 단계 : 상담자는 검사 결과를 내담자에게 전달하며, 내담자가 검사 결과를 잘 통합할 수 있도록 돕는다.

03 틴슬리와 브래들리가 제시한 검사 결과 해석의 4단계를 설명하시오.

★★

☞ 모범답안

① 해석 준비하기 : 상담자는 내담자의 검사 결과가 의미하는 바를 숙고한다.
② 내담자 준비시키기 : 내담자가 해석을 잘 받아들일 수 있도록 준비시킨다.
③ 정보 전달하기 : 상담자는 검사 결과 및 정보들을 내담자에게 전달한다.
④ 추후 활동 : 검사 결과를 통해 알게 된 내용을 내담자가 잘 통합할 수 있도록 돕는다.

04 심리검사의 결과에 영향을 미치는 검사자 변인과 수검자 변인 중 강화효과, 기대효과, 코칭효과를 설명하시오.
★ [110113]

☞ **모범답안**
① 강화효과 : 수검자에 대한 강화는 검사 결과에 영향을 미친다.
② 기대효과 : 검사자가 수검자의 검사 결과에 어떤 기대를 표명하는가에 따라 검사 결과에 영향을 미친다.
③ 코칭효과 : 수검자가 검사자로부터 검사 설명이나 조언 등의 코칭을 어떻게 받았느냐가 검사 결과에 영향을 미친다.

05 검사 점수의 변량에 영향을 미치는 요인 중 개인의 일시적이고 독특한 특성 4가지를 쓰시오.
★ [080104]

☞ **모범답안**
① 건강
② 피로
③ 정서적 긴장
④ 동기

06 심리검사의 사용 목적 3가지를 쓰고 이를 간단히 설명하시오.
★ [070109]

☞ **모범답안**
① 분류 및 진단 : 내담자의 문제를 파악하여 해결하기 위한 목적
② 자기 이해 증진 : 내담자의 자기 인식 능력을 증진시켜 합리적인 의사 결정을 하도록 하려는 목적
③ 예측 : 내담자의 특성을 밝혀서 미래를 어느 정도 예측하기 위한 목적

07 심리검사 사용의 윤리적 문제와 관련하여 주의하여야 할 사항을 6가지만 쓰시오.

★ [100211]

☞ **모범답안**

① 수검자의 알 권리가 보장되어야 한다.
② 수검자의 사생활이 보호되어야 한다.
③ 결과에 대한 해석을 오용하여서는 안 된다.
④ 적절한 훈련을 받은 사람이 검사를 실시하여야 한다.
⑤ 신뢰도와 타당도가 검증된 검사를 사용한다.
⑥ 검사 해석 시 내담자에게 상처주는 언어는 피하도록 한다.

08 심리검사 결과 해석 시 유의점 4가지를 기술하시오.

★ [080111, 04 01]

☞ **모범답안**

① 전문적인 자질을 갖춘 사람이 해석할 것
② 규준에 따라 해석을 할 것
③ 중립적인 입장에서 해석할 것
④ 검사 결과에 대해 내담자가 이해할 수 있는 말을 사용한다.

09 부정적인 심리검사 결과가 나온 내담자에게 검사 결과를 통보하는 방법에 대해 설명하시오.

★ [020102]

☞ **모범답안**

① 내담자가 충격을 받지 않도록 유의하여 검사 결과를 전달한다.
② 검사 결과에 대한 비밀 보장에 유의하면서 전달한다.

III 직무 분석

1 직무 분석

이론 스토리

많은 기업들에서는 효율적인 인사 관리와 교육 훈련 자료를 만들기 위한 직무 분석을 진행하고 있다. 기업들이 직무 분석을 하는 목표는 다음과 같다.

① 직무 평가
② 인사 관리
③ 교육 훈련
④ 안전 관리
⑤ 직업상담

직무 분석은 일반적으로 행정, 설계, 자료 수집과 분석, 결과 정리, 직무 분석 결과 배포, 통제 단계를 거쳐서 이루어지는데 이때, 설계의 단계에서 해야 할 일은 다음과 같다.

① 직무에 관한 자료를 얻을 출처와 인원수를 결정한다.
② 자료 수집 방법(관찰법, 면접법, 설문법 등)을 결정한다.
③ 자료 분석 방법을 결정한다.

설계에 단계에서 직무 분석을 어떻게 진행할지는 그 성격에 따라 다양하게 진행할 수 있다. 만약 교육훈련 자료를 만들고자 한다면 데이컴 위원회를 구성해 데이컴법을 시행할 것이다. 다른 나라와 비교할 자료나 문헌이 있다면 자료를 비교하고 확인하는 비교확인법을 통해 직무를 분석할 수 있을 것이다. 그러나 분석할 직무에 대한 정보가 전혀 없는 경우에는 직무분석가가 직접 현장에 방문하여 직무를 분석할 수 밖에 없다. 이러한 직무 분석 방법을 최초 분석법이라고 한다. 최초 분석법은 다음과 같은 종류가 있다.

① 관찰법 : 직무분석가가 직무를 관찰함으로써 직무 분석을 하는 방법
② 면접법 : 직무분석가가 담당자와의 면접을 통해 직무 분석을 하는 방법
③ 체험법 : 직무분석가가 직접 체험을 통해 직무를 분석하는 방법
④ 설문법 : 직무분석가가 설문지를 바탕으로 직무를 분석하는 방법, 설문지를 작성할 때에는 일정한 평가 준거를 바탕으로 객관적인 설문지를 만들 필요가 있다.

이때, 객관적인 설문지가 되기 위해서는 3가지의 요건이 필요하다.

- 신뢰성 : 설문지의 결과는 일관성을 지녀야 한다.
- 타당성 : 설문지를 측정하고자 하는 속성을 잘 측정해야 한다.
- 실용성 : 설문지는 시간과 비용의 측면에서 실용적이도록 해야 한다.

⑤ 중요 사건 기록법 : 직무 수행자의 행동 가운데 성과와 관련하여 효과적인 행동과 비효과적인 행동을 구분하여 직무를 분석하는 방법으로 직무 수행자의 과거의 사건에 기인하기 때문에 몇 가지의 단점을 가지고 있다.

그 외에도 녹화법, 작업일지법 등의 직무 분석 기법이 있다. 직무 분석가는 직무를 분석하면서 일 중심의 직무기술서와 사람 중심의 직무명세서라는 2가지의 서류를 만들어야 한다.

직무기술서는 주로 일에 대한 내용이 기록되어 있으며 그 내용은 다음과 같다.

① 직무명
② 직무 내용
③ 사용 도구
④ 직무 환경
⑤ 직무 임금

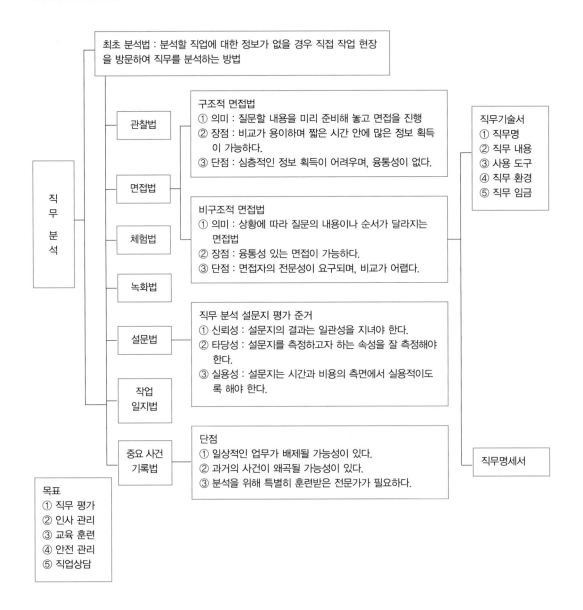

요약 · 정리

최초 분석법 : 분석할 직업에 대한 정보가 없을 경우 직접 작업 현장을 방문하여 직무를 분석하는 방법

직무 분석

- 관찰법
- 면접법
- 체험법
- 녹화법
- 설문법
- 작업 일지법
- 중요 사건 기록법

구조적 면접법
① 의미 : 질문할 내용을 미리 준비해 놓고 면접을 진행
② 장점 : 비교가 용이하며 짧은 시간 안에 많은 정보 획득이 가능하다.
③ 단점 : 심층적인 정보 획득이 어려우며, 융통성이 없다.

비구조적 면접법
① 의미 : 상황에 따라 질문의 내용이나 순서가 달라지는 면접법
② 장점 : 융통성 있는 면접이 가능하다.
③ 단점 : 면접자의 전문성이 요구되며, 비교가 어렵다.

직무 분석 설문지 평가 준거
① 신뢰성 : 설문지의 결과는 일관성을 지녀야 한다.
② 타당성 : 설문지를 측정하고자 하는 속성을 잘 측정해야 한다.
③ 실용성 : 설문지는 시간과 비용의 측면에서 실용적이도록 해야 한다.

단점
① 일상적인 업무가 배제될 가능성이 있다.
② 과거의 사건이 왜곡될 가능성이 있다.
③ 분석을 위해 특별히 훈련받은 전문가가 필요하다.

직무기술서
① 직무명
② 직무 내용
③ 사용 도구
④ 직무 환경
⑤ 직무 임금

직무명세서

목표
① 직무 평가
② 인사 관리
③ 교육 훈련
④ 안전 관리
⑤ 직업상담

| 기출문제 |

01 직무 분석 방법 중 결정적 사건법의 단점을 3가지 쓰시오.
★★ [130101, 030106]

☞ **모범답안**
① 일상적인 업무가 배제될 가능성이 있다.
② 과거의 사건이 왜곡될 가능성이 있다.
③ 분석을 위해 특별히 훈련받은 전문가가 필요하다.

02 직무 분석은 직무기술서나 작업자 명세서를 만들고 이로부터 얻어진 정보를 여러모로 활용하는 것을 목적으로 한다. 이와 같은 직무 분석으로 얻어진 정보의 용도를 5가지 쓰시오.
★★ [140311, 130214]

☞ **모범답안**
① 직무 평가
② 인사 관리
③ 교육 훈련
④ 안전 관리
⑤ 직업상담

03 직무 분석 설문지 선택 시 평가 준거 3가지를 쓰고 간략히 설명하시오.
★★ [140207]

☞ **모범답안**
① 신뢰성 : 설문지의 결과는 일관성을 지녀야 한다.
② 타당성 : 설문지를 측정하고자 하는 속성을 잘 측정해야 한다.
③ 실용성 : 설문지는 시간과 비용의 측면에서 실용적이도록 해야 한다.

04 직무 분석 시 구조적, 비구조적 면담법의 개념과 장단점을 쓰시오.

★★ [150102]

☞ **모범답안**

(1) 구조적 면접법
    ① 의미 : 질문할 내용을 미리 준비해 놓고 면접을 진행
    ② 장점 : 비교가 용이하며 짧은 시간 안에 많은 정보 획득이 가능하다.
    ③ 단점 : 심층적인 정보 획득이 어려우며, 융통성이 없다.

(2) 비구조적 면접법
    ① 의미 : 상황에 따라 질문의 내용이나 순서가 달라지는 면접법
    ② 장점 : 융통성 있는 면접이 가능하다.
    ③ 단점 : 면접자의 전문성이 요구되며, 비교가 어렵다.

05 직무기술서에 포함되는 정보를 5가지 쓰시오.

★ [090217]

☞ **모범답안**
① 직무명
② 직무 내용
③ 사용 도구
④ 직무 환경
⑤ 직무 임금

06 직무 분석을 위한 면접 시 면접 진행을 위한 지침 및 유의 사항 5가지를 나열하시오.

★ [040205]

☞ **모범답안**
① 직무 담당자와 의견 대립을 보이지 말아야 한다.
② 임금에 대한 지나친 관심을 보이지 말아야 한다.
③ 정중하고 공손한 태도로 면접을 진행한다.
④ 얕보는 투로 이야기하지 않도록 한다.
⑤ 사적인 감정은 배제한 채 직무 분석을 하도록 한다.

07 직무 분석 방법은 최초 분석법, 비교확인법, 데이컴법 등이 있다. 이 가운데 최초 분석법은 어느 경우에 적합하며 구체적인 방법은 어떤 것들이 있는지 4가지 이상 기술하시오.

★ [010301, 080104]

☞ **모범답안**

(1) 최초 분석법 : 분석할 직업에 대한 정보가 없을 경우 직접 작업 현장을 방문하여 직무를 분석하는 방법

(2) 종류
　　① 관찰법 : 직무 분석가가 직무를 관찰함으로써 직무 분석을 하는 방법
　　② 면접법 : 직무 분석가가 담당자와의 면접을 통해 직무 분석을 하는 방법
　　③ 체험법 : 직무 분석가가 직접 체험을 통해 직무를 분석하는 방법
　　④ 설문법 : 직무 분석가가 설문지를 바탕으로 직무를 분석하는 방법

IV 가볍게 읽고 넘어가는 문제

01 직무와 조직에서의 주된 스트레스를 받는 원인을 3가지 쓰고 설명하시오. [150314]

☞ **모범답안**

① 과제 특성 : 과제가 복잡하거나 너무 단조로울 경우 스트레스를 받는다.

② 역할 갈등 : 개인 간 역할 갈등, 개인 내 역할 갈등, 송신자 간 역할 갈등, 송신자 내 역할 갈등이 있을 경우 스트레스를 받는다.

③ 역할 모호성 : 개인의 역할이 명확하지 않은 경우 스트레스를 받는다.

02 직무 스트레스의 조절변인 3가지를 쓰고 각각에 대해 설명하시오. [130117]

☞ **모범답안**

① AB유형 : 급한 성격의 A유형이 느긋한 성격의 B유형보다 스트레스에 취약하다.

② 통제 소재 : 잘못을 운이나 남탓으로 돌리는 외적 통제자가 내적 통제자보다 스트레스에 취약하다.

③ 사회적 지원 : 조직 내외적으로 의지할 수 있는 사람이 적을수록 스트레스에 취약하다.

03 일반적으로 경력 단계는 초기, 중기, 말기 경력으로 구분된다. 경력 단계별로 경력 개발 프로그램을 예를 들어 설명하시오.

[100305]

☞ **모범답안**

① 초기 경력 : 조직 적응과 인간관계를 위한 경력 개발이 이루어지며, OT나 후견인 프로그램 등이 있다.

② 중기 경력 : 직장 내에서 확고한 위치를 잡기 위한 경력 개발이 이루어지며 직무 순환, 직무 확충 등이 있다.

③ 말기 경력 : 은퇴 준비를 하면서 경력개발을 하는 시기로 건강 관리, 은퇴 전 프로그램 등이 있다.

04 홀(Hall)이 제시한 경력 발달 4단계를 순서대로 설명하시오. [130115]

☞ **모범답안**

① 탐색기 : 경험을 통해 자아를 검증하고 적합한 분야를 탐색하는 단계

② 확립기 : 적합한 분야를 발견해서 안정적인 위치를 확보하는 단계

③ 유지기 : 자신의 위치를 확고히 하며 전문성을 확보하는 단계

④ 쇠퇴기 : 은퇴를 준비하며, 자신의 조직생활을 통합시키는 단계

05 어떤 사람이나 사물을 평가할 때 사용하는 기준, 판단을 할 때 참조점으로 사용하는 것을 '준거'라고 한다. 개념 준거와 실제 준거의 의미를 예를 들어 설명하시오.
[090318, 080104]

☞ **모범답안**

① 개념 준거 : 연구자가 측정하고자 하는 준거를 이론적으로 정의한 것으로 예를 들어 '우수한 인재는 지적 수준이 높다.'로 측정하는 것이다.

② 실제 준거 : 개념 준거를 측정이 가능하도록 조작적으로 변환한 것으로 예를 들어 지적 수준을 'IQ검사 점수나 학교 성적'을 통해 측정하는 것이다.

06 '문항의 난이도', '문항의 변별도', '오답의 능률도'의 의미를 설명하시오. [140209]

☞ **모범답안**

① 문항의 난이도 : 문항의 쉽고 어려운 정도

② 문항의 변별도 : 높은 점수를 얻은 사람과 낮은 점수를 얻은 사람을 식별해 주는 것

③ 오답의 능률도 : 오답지를 정답으로 선택할 가능성의 정도

직업정보론

I 직업정보의 이해

1 직업정보의 제공

이론 스토리

직업정보는 국내외 각종 직업에 관련된 다양한 정보를 체계화한 것으로 직업별로 수행되는 직무, 학력, 적성 등 자격 요건을 포함한 직업 명세 사항과 각 직업별 고용 동향, 구인구직 동향을 나타내는 노동시장 정보로 구성된다.

직업정보는 노동시장뿐만이 아니라 국가나 기업의 측면에서 중요한 역할을 하고 있다.

① 노동시장 : 노동시장에서의 구인구직이 원활히 이루어지도록 활성화시킨다.
② 기업 : 합리적인 인사관리와 산업재해를 예방시키는 역할을 한다.
③ 국가 : 고용정책 결정의 기초 자료와 직업훈련의 기준을 설정한다.

브레이필드(Brayfield)라는 학자는 직업정보가 3가지의 중요한 기능을 수행한다고 이야기하는데, 다음은 브레이필드가 말한 직업정보의 3기능이다.

① 정보 제공 기능 : 직업정보는 현명한 의사 결정을 돕도록 하는 기능을 가지고 있다. 직업정보가 부족하여 의사 결정에 어려움을 겪는 사람들에게 직업정보는 의사 결정의 기준이 되는 객관적인 정보를 제공함으로써 현명한 의사 결정을 할 수 있도록 한다.
② 재조정 기능 : 직업정보는 내담자의 직업 선택을 점검하는 기능을 가지고 있다. 어떤 사람이 흥미와 적성을 고려하여 회계사라는 직업을 선택했다고 해 보자. 이 사람은 회계사와의 인터뷰를 통해, 자신이 선택한 직업 선택이 옳은 선택이었음을 다시 한 번 확인해 볼 수 있는데, 이러한 기능을 재조정의 기능이라고 한다.
③ 동기화 기능 : 직업정보는 내담자가 의사 결정에 적극적으로 참여할 수 있는 기능을 가지고 있다.

직업정보는 그 성격에 따라서 민간 직업정보와 공공 직업정보로 나뉘어진다. 공공 직업정보는 국가가 객관적인 기준을 가지고 만드는 정보로서 전체 산업을 대상으로 발간되는 경우가 많다. 대표적인 공공 직업정보로는 워크넷, 한국직업전망서 등이 있다. 이러한 공공 직업정보는 무료로 이용이 가능하며 주기적으로 발간된다는 특징도 가지고 있다. 또한 일정한 기준에 의해서 만들어지기 때문에 다른 공공 직업정보와의 비교가 용이하다.

　　반면, 민간 직업정보는 민간 주도로 만들어지는 정보로서 특정 분야의 국한된 직업을 대상으로 발간되는 경우가 많으며 생산자의 자의성이 개입되어 만들어지는 경우가 많아 직업 간 비교가 어렵다는 특징을 가지고 있다. 대표적인 민간 직업정보로는 인터넷 취업카페의 정보나 벼룩시장 등이 있다. 민간 직업정보는 유료로 제공되는 경우가 많으며 한시적으로 신속하게 생산된다.

요약 · 정리

■ 직업정보의 내용과 역할

(1) 직업정보의 내용

　① 각 직업별 고용 동향, 구인구직 동향을 나타내는 노동시장 정보

　② 직업에 필요한 학력, 적성, 자격 조건 등의 정보

(2) 직업정보의 부문별 역할

　① 노동시장 : 노동시장에서의 구인구직이 원활히 이루어지도록 활성화시킨다.

　② 기업 : 합리적인 인사관리와 산업재해를 예방시키는 역할을 한다.

　③ 국가 : 고용정책 결정의 기초 자료와 직업훈련의 기준을 설정한다.

■ 직업정보의 기능

　① 정보제공 기능 : 직업정보는 현명한 의사 결정을 돕도록 하는 기능을 가지고 있다.

　② 재조정 기능 : 직업정보는 내담자의 직업 선택을 점검하는 기능을 가지고 있다.

　③ 동기화 기능 : 직업정보는 내담자가 의사 결정에 적극적으로 참여할 수 있는 기능을 가지고 있다.

■ 민간 직업정보와 공공 직업정보의 특징

민간 직업정보	공공 직업정보
1. 민간기관 주도로 생산	1. 공공기관 주도로 생산
2. 유료이다.	2. 무료이다.
3. 한시적으로 신속하게 생산된다.	3. 지속적으로 조사, 분석, 제공된다.
4. 특정 분야에 국한된 직업을 대상으로 제공	4. 전체 산업 및 업종의 직업을 대상으로 제공
5. 다른 직업정보와 비교가 어려움	5. 다른 직업정보 간 비교가 용이함.

| 기출문제 |

01 브레이필드가 제시한 직업정보의 기능 3가지를 제시하고 설명하시오.
★★★ [150109, 110211, 080314, 060104]

☞ 모범답안

① 정보 제공 기능 : 직업정보는 현명한 의사 결정을 돕도록 하는 기능을 가지고 있다.
② 재조정 기능 : 직업정보는 내담자의 직업 선택을 점검하는 기능을 가지고 있다.
③ 동기화 기능 : 직업정보는 내담자가 의사 결정에 적극적으로 참여할 수 있는 기능을 가지고 있다.

02 직업정보는 국내의 각종 직업에 관한 다양한 정보를 체계화한 것이다. 그 구체적인 내용을 2가지로 서술하고 이의 기능과 역할을 노동시장, 기업, 국가 측면에서 설명하시오.
★★ [060102, 040104]

☞ 모범답안

(1) 직업정보의 내용
　　① 각 직업별 고용동향, 구인구직 동향을 나타내는 노동시장 정보
　　② 직업에 필요한 학력, 적성, 자격조건 등의 정보
(2) 직업정보의 부문별 역할
　　① 노동시장 : 노동시장에서의 구인구직이 원활히 이루어지도록 활성화시킨다.
　　② 기업 : 합리적인 인사관리와 산업재해를 예방시키는 역할을 한다.
　　③ 국가 : 고용정책 결정의 기초 자료와 직업훈련의 기준을 설정한다.

03 공공 직업정보의 특성을 3가지만 쓰시오.
★★ [100303, 080306, 070310]

☞ 모범답안

① 공공기관 주도로 생산되는 정보이다.
② 직업정보는 무료로 제공된다.
③ 지속적으로 제공된다.

04 직업정보는 정보의 생산 및 운영 주체에 따라 민간 직업정보와 공공 직업정보로 크게 구분된다. 아래의 표에서 빈칸 ①~④를 채우시오.

★★

구분	민간 직업정보	공공 직업정보
정보 제공의 지속성	불연속적, 단절적	지속적
직업의 분류 및 구분	①	②
조사, 수록되는 직업의 범위	③	④
다른 정보와의 관계	관련성 낮음	미치는 영향 크며 관련성 높다
정보 획득 비용	유료	무료

☞ **모범답안**

① 생산자의 자의성 개입
② 객관적 기준
③ 특정 직업에 대한 제한적 정보
④ 전체 산업에 대한 포괄적 정보

2 한국직업사전

이론 스토리

직업정보의 대표적인 것으로서 한국직업사전이라는 것이 있다. 한국직업사전은 미국의 직업사전의 직무를 비교하고 확인하면서 만들어낸 우리나라의 직무사전이다.

한국직업사전은 4개의 직무정보와 부가 직업정보로 구성되어 있는데, 부가 직업정보는 다시 세부적으로 13가지의 정보로 나뉘어지게 된다. 실기시험에서는 부가 직업정보에서 주로 출제가 되므로 13가지의 부가 직업정보에 대해서 알아보도록 하겠다.

① 정규교육 : 해당 직업의 직무를 수행하는 데 필요한 일반적인 정규교육 수준
② 숙련기간 : 해당 직무를 평균적인 수준으로 수행하기 위하여 필요한 각종 훈련, 교육
③ 직무기능 : 직무를 수행하는 과정에서 자료, 사람, 사물과 맺는 특성
  • 자료 : 만질 수 없으며 숫자, 개념 등의 표현을 포함한다.
  • 사람 : 인간과 인간처럼 취급되는 동물을 다루는 것을 포함한다.
  • 사물 : 무생물로서 기계, 제품 등을 다루는 것을 포함한다.
④ 작업 강도

작업 강도는 육체적인 강도만을 나타낸 것으로 들어 올리거나, 운반하거나 밀거나 당기는 정도를 나타낸 것이다. 들어 올림은 물체를 주어진 높이에서 다른 높이로 올리는 작업을 의미하며, 운반은 물체를 한 장소에서 다른 장소로 옮기는 작업을 의미한다. 밈은 물체에 힘을 가하여 반대쪽으로 움직이게 하는 작업이며, 당김은 물체에 힘을 가하여 힘을 가한 쪽으로 움직이게 하는 작업이다.

이때, 그 강도에 따라서 작업 강도는 크게 5가지로 나뉘어지게 된다.

  • 아주 가벼운 작업 : 최고 4kg의 물체를 들어 올리며, 장부 등을 빈번히 들어 올리고 운반한다.
  • 가벼운 작업 : 최고 8kg의 물체를 들어 올리며, 4kg의 물체를 빈번히 들어 올리고 운반한다.
  • 보통 작업 : 최고 20kg의 물체를 들어 올리며, 10kg의 물체를 빈번히 들어 올리고 운반한다.
  • 힘든 작업 : 최고 40kg의 물체를 들어 올리며, 20kg의 물체를 빈번히 들어 올리고 운반한다.
  • 아주 힘든 작업 : 40kg 이상의 물체를 들어 올리며, 20kg 이상의 물체를 빈번히 들어올리

고 운반한다.

⑤ 작업환경

작업환경은 습도나 분진 등을 나타내는 것으로 작업을 하는 데 있어서 내재되어 있는 위험
도 기술하고 있다. 작업환경에서는 내재된 위험을 크게 5가지로 분류하고 있다.

- 기계적 위험
- 전기적 위험
- 화상의 위험
- 폭발의 위험
- 방사능 위험

이외에도 한국직업사전에서는 직업에 필요한 육체활동, 자격/면허, 유사 명칭, 관련 직업, 작
업장소, 한국표준 업분류코드, 한국표준산업분류코드, 조사 연도의 정보를 포함하고 있다.

요약 · 정리

■ 한국직업사전의 구성

1. 직업코드(0713)

2. 본 직업명(직업상담사 및 취업알선원)

3. 직무개요

4. 수행직무

5. 부가 직업정보

① 정규교육 : 해당 직업의 직무를 수행하는 데 필요한 일반적인 정규교육 수준

② 숙련기간 : 해당 직무를 평균적인 수준으로 수행하기 위하여 필요한 각종 훈련, 교육

③ 직무기능 : 직무를 수행하는 과정에서 자료, 사람, 사물과 맺는 특성

- 자료 : 만질 수 없으며 숫자, 개념 등의 표현을 포함한다.
- 사람 : 인간과 인간처럼 취급되는 동물을 다루는 것을 포함한다.
- 사물 : 무생물로서 기계, 제품 등을 다루는 것을 포함한다.

④ 작업 강도

아주 가벼운 작업	가벼운 작업	보통 작업	힘든 작업	아주 힘든 작업
최고 4kg	최고 8kg	최고 20kg	최고 40kg	최고 40kg 이상
장부 등 빈·들·운	4kg 빈·들·운	10kg 빈·들·운	20kg 빈·들·운	20kg이상 빈·들·운

들어 올림	물체를 주어진 높이에서 다른 높이로 올리는 작업
운반	물체를 한 장소에서 다른 장소로 옮기는 작업
밈	물체에 힘을 가하여 반대쪽으로 움직이게 하는 작업
당김	물체에 힘을 가하여 힘을 가한 쪽으로 움직이게 하는 작업

⑤ 작업 환경

6. 육체활동

7. 작업 장소

8. 유사 명칭

9. 관련 직업

10. 자격/면허

11. 표준산업분류코드

12. 표준직업분류코드

13. 조사 연도

| 기출문제 |

01 한국직업사전(2012)에 수록된 부가 직업정보를 6가지만 쓰시오.
★★★ [130209, 100113, 090112, 080309, 080106, 070316]

☞ **모범답안**
① 정규교육
② 숙련기간
③ 직무기능
④ 작업 강도
⑤ 작업환경
⑥ 자격/면허

02 한국직업사전에서는 각 직업에 대한 부가 직업정보를 제공한다. 부가 직업정보 중에서 직무기능 (자료, 사람, 사물)에 대해 설명하시오.
★★★

☞ **모범답안**
① 자료 : 만질 수 없으며 숫자, 개념 등의 표현을 포함한다.
② 사람 : 인간과 인간처럼 취급되는 동물을 다루는 것을 포함한다.
③ 사물 : 무생물로서 기계, 제품 등을 다루는 것을 포함한다.

03 한국직업사전의 부가 직업정보 중 정규교육, 숙련기간, 직무기능의 의미를 쓰고 설명하시오.
★★★

☞ **모범답안**
① 정규교육 : 해당 직업의 직무를 수행하는 데 필요한 일반적인 정규교육 수준
② 숙련기간 : 해당 직무를 평균적인 수준으로 수행하기 위하여 필요한 각종 훈련, 교육
③ 직무기능 : 직무를 수행하는 과정에서 자료, 사람, 사물과 맺는 특성

04 한국직업사전의 부가 직업정보 중 작업강도를 결정하는 기준을 4가지 쓰고 각각에 대해 간략히 설명하시오.

★★ [120318, 070113]

☞ **모범답안**

① 들어 올림 : 물체를 주어진 높이에서 다른 높이로 올리는 작업

② 운반 : 물체를 한 장소에서 다른 장소로 옮기는 작업

③ 밈 : 물체에 힘을 가하여 반대쪽으로 움직이게 하는 작업

④ 당김 : 물체에 힘을 가하여 힘을 가한 쪽으로 움직이게 하는 작업

05 한국직업사전의 부가 직업정보 중 작업 강도 5단계를 쓰고 설명하시오.

★★

☞ **모범답안**

① 아주 가벼운 작업 : 최고 4kg의 물체를 들어 올리며, 장부 등을 빈번히 들어 올리고 운반한다.

② 가벼운 작업 : 최고 8kg의 물체를 들어 올리며, 4kg의 물체를 빈번히 들어 올리고 운반한다.

③ 보통 작업 : 최고 20kg의 물체를 들어 올리며, 10kg의 물체를 빈번히 들어 올리고 운반한다.

④ 힘든 작업 : 최고 40kg의 물체를 들어 올리며, 20kg의 물체를 빈번히 들어 올리고 운반한다.

⑤ 아주 힘든 작업 : 40kg 이상의 물체를 들어 올리며, 20kg 이상의 물체를 빈번히 들어 올리고 운반한다.

06 한국직업사전(2012)의 부가 직업정보 중 작업 환경을 나타내는 '위험 내재'는 작업자가 제반 위험에 노출되어 있는지를 결정한다. 제반 위험의 종류를 5가지 쓰시오.

★ [090312]

☞ **모범답안**

① 기계적 위험

② 전기적 위험

③ 화상의 위험

④ 폭발의 위험

⑤ 방사능 위험

II 직업 및 산업 분류의 활용

1 한국표준직업분류

이론 스토리

한국표준직업분류는 우리나라의 직업을 국제표준직업분류에 근거하여 분류한 것으로서 대분류를 직능 수준에 의해서 분류한 후 중분류와 소분류, 세분류, 세세분류로 구성하였다.

대분류로 기틀을 잡고 난 후, 연구자들은 우리나라에 있는 모든 직업정보를 수집하게 된다. 이때, 마약 밀매상과 같이 직업으로 볼 수 없는 것들도 함께 수집이 되는데, 연구자들은 직업과 직업이 아닌 활동을 구분 짓기 위해서 4개의 기준을 만들어 내게 된다.

① 계속성 : 유사한 직무를 계속적으로 수행하여야 한다.
② 경제성 : 노동에 대가에 따른 수익이 있어야 한다.
③ 사회성 : 사회적으로 가치있고 쓸모있는 일이어야 한다.
④ 윤리성 : 비윤리적이지 않아야 한다.

이때, 이 4가지 중 하나라도 결여가 되면 직업으로 보지 않았는데, 이때 속박된 상태에서의 제반활동은 사회성이 결여가 되어 직업으로 보지 않게 된다.

① 의무 복무 중인 사병, 단기부사관, 장교 등
② 사회복지시설 수용자의 시설 내 경제활동
③ 수형자의 활동과 같이 법률에 의한 강제 노동을 하는 경우

이외에도 계속성, 경제성이나, 윤리성이 결여가 되어 직업으로 보지 않는 활동이 있는데, 대표적인 것은 다음과 같다.

④ 자기 집의 가사활동에 전념하는 경우
⑤ 교육기관에 재학하며 학습에만 전념하는 경우
⑥ 도박, 강도, 매춘 등 불법적인 활동

직업과 직업이 아닌 것을 구분한 후 연구자는 직업분류표에 '직업'으로 분류된 것을 하나하나 넣게 된다. 이때 반드시 지켜야 할 원칙 2가지가 있다.

① 포괄성의 원칙 : 우리나라에 존재하는 모든 직무는 어떤 수준에서든지 분류에 포괄되어야 한다.

② 배타성의 원칙 : 동일하거나 유사한 직무는 어느 경우든 같은 단위의 직업으로 분류되어야 한다.

이외에도 직업 분류를 하다 보면 한 가지 직업이 2가지의 직무를 하는 경우와 한 사람이 전혀 상관성이 없는 2가지의 직업에 종사하는 경우에도 분류의 문제가 생기게 되는데, 한국표준직업 분류에서는 이러한 직업을 분류하기 위한 분류 기준 역시 마련해 놓았다.

(1) 포괄적인 업무에 대한 직업 분류 원칙
　① 주된 직무 우선의 원칙 : 2개 이상의 직무를 수행하는 경우, 상관성이 가장 높은 항목에 분류한다는 것으로 예를 들어, 종합병원 의사가 강의, 연구를 주로 한다면 의과대학 교수 가 된다. 하지만 진료, 처치를 주로 한다면 의사로 분류하였다.
　② 최상급 직능 수준 우선의 원칙 : 직무가 상이한 수준의 훈련을 통해 얻어진다면, 가장 높 은 수준의 직무능력을 필요로 하는 일에 분류한다는 것으로 예를 들어, 짜장면을 만들고 배달까지 한다면 직능수준이 높은 조리사로 분류시킨다.
　③ 생산업무 우선의 원칙 : 재화의 생산과 공급이 같이 이루어지는 경우 생산단계의 업무를 우선적으로 분류한다는 것으로 예를 들어, 빵이라는 재화를 생산에서 공급한다면, 생산 업무 우선의 원칙에 따라 제빵사로 분류한다.

(2) 다수 직업 종사자분류의 원칙
다수 직업 종사자란 전혀 상관성이 없는 두 가지 이상의 직업에 종사하는 사람으로서, 다음과 같은 기준에 의하여 분류시킨다.
　① 취업 시간 우선의 원칙
　② 수입 우선의 원칙
　③ 조사 시 최근 직업의 원칙

이렇게 분류까지 끝내고 나면 우리나라의 모든 직업들이 하나의 분류표상에 나타나게 되는데, 이를 한국직업분류표라고 한다. 그런데 이때, 어떤 직업이 먼저 배열이 되느냐에 따른 순서 배열 에 문제가 생기게 된다. 한국표준직업분류는 이러한 문제를 방지하기 위하여 순서 배열의 원칙을 준수하여 직업 배열을 하게 되는데, 이는 다음과 같다.

　① 한국표준산업분류 : 대분류 7-기능원의 경우는 거의 모든 산업에 종사하고 있는데, 이 경우 한국표준산업분류에 따라 분류한다.
　② 특수-일반분류 : 특수와 그 특수를 포함하는 일반이 있을 경우에는 특수를 먼저 배열한 후 일반을 배열한다.
　③ 고용자 수와 직능 수준, 직능 유형 고려 : 직능 수준과 고용자 수가 많은 직무를 우선하여 배열한다.

요약 · 정리

■ **용어의 정의**

① 직능 : 직무를 수행하는 데 필요한 능력

② 직능 수준 : 직무를 수행하는 데 필요한 능력의 높낮이

③ 직능 유형 : 직무 수행에 요구되는 지식, 스킬, 태도

■ **유사 직무를 구분하는 요건**

① 해당 직무를 수행하는 사람에게 필요한 지식

② 해당 직무를 수행하는 사람에게 필요한 기술

③ 해당 직무를 수행하는 사람에게 필요한 경험

④ 직무 수행자가 입직을 하기 위해서 필요한 요건

■ **대분류별 직능 수준**

대분류 항목	직능 수준	필요한 교육 수준
1. 관리자	제4직능 수준 혹은 제3직능 수준	제4직능 수준 : 4년 또는 그 이상 계속하여 학사, 석사나 그와 동등한 학위가 수여되는 교육 수준 제3직능 수준 : 중등교육을 마치고 1~3년 정도의 추가적인 정규교육 또는 훈련을 필요로 한다.
2. 전문가 및 관련 종사자		
3. 사무 종사자	제2직능 수준	제2직능 수준 : 중등 이상의 교육과정의 직업훈련이나 경험을 필요로 한다.
4. 서비스 종사자		
5. 판매 종사자		
6. 농림어업 숙련 종사자		
7. 기능원 및 관련 기능 종사자		
8. 장치 · 기계 조작 및 조립 종사자		
9. 단순노무 종사자	제1직능 수준	제1직능 수준 : 초등교육이나 기초적인 교육 수준을 필요로 한다.
A. 군인	직능 수준 무관	

■ 직업의 성립 요건

(1) 계속성 : 계속적으로 진행되어야 한다.

　① 매일, 매주, 매월 등 주기적으로 행해져야 한다.

　② 계절적으로 행해져야 한다.

　③ 계속적으로 행해져야 한다.

　④ 계속적으로 행할 의지와 가능성이 있어야 한다.

(2) 경제성 : 노동에 대가에 따른 수입이 있어야 한다.

(3) 사회성 : 사회적으로 가치 있고 쓸모 있는 일이어야 한다.

(4) 윤리성 : 비윤리적인 직업이 아니어야 한다.

■ 직업으로 보지 않는 활동

　① 이자, 주식배당, 임대료 등과 같은 자산수입이 있는 경우

　② 경마, 경륜, 복권 등에 의한 배당금이나 주식투자에 의한 시세 차익이 있는 경우

　③ 예적금 인출, 보험금 수취, 차용 또는 토지나 금융자산을 매각하여 수입이 있는 경우

　④ 연금법, 국민기초생활법, 국민연금법 및 고용보험법 등의 사회보장이나 민간보험에 의한
　　수입이 있는 경우

　⑤ 자기 집의 가사 활동에 전념하는 경우

　⑥ 교육기관에 재학하며 학습에만 전념하는 경우

　⑦ 시민 봉사활동 등에 의한 무급 봉사적인 일에 종사하는 경우

　⑧ 의무로 복무 중인 사병, 단기부사관, 장교와 같은 군인 ⎤
　⑨ 사회복지시설 수용자의 시설 내 경제활동 ⎟ 속박된 상태에서의 제반 활동
　⑩ 수형자의 활동과 같이 법률에 의한 강제노동을 하는 경우 ⎦

　⑪ 도박, 강도, 절도, 사기, 매춘, 밀수와 같은 불법적인 활동

■ 한국표준직업분류 직업분류의 일반 원칙

(1) 직업분류의 일반 원칙

　① 포괄성의 원칙 : 우리나라에 존재하는 모든 직무는 어떤 수준에서든지 분류에 포괄되어
　　야 한다.

　② 배타성의 원칙 : 동일하거나 유사한 직무는 어느 경우든 같은 단위의 직업으로 분류되어
　　야 한다.

(2) 포괄적인 업무에 대한 직업 분류 원칙

① 주된 직무 우선의 원칙

- 의미 : 2개 이상의 직무를 수행하는 경우, 상관성이 가장 높은 항목에 분류한다.
- 예시 : 종합병원 의사가 강의, 연구를 주로 한다면 의과대학 교수가 된다. 하지만 진료, 처치를 주로 한다면 의사로 분류한다.

② 최상급 직능 수준 우선의 원칙

- 의미 : 직무가 상이한 수준의 훈련을 통해 얻어진다면, 가장 높은 수준의 직무능력을 필요로 하는 일에 분류한다.
- 예시 : 짜장면을 만들고 배달까지 한다면 직능 수준이 높은 조리사로 분류시킨다.

③ 생산업무 우선의 원칙

- 의미 : 재화의 생산과 공급이 같이 이루어지는 경우 생산 단계의 업무를 우선적으로 분류한다.
- 사례 : 빵이라는 재화를 생산에서 공급한다면, 생산 업무 우선의 원칙에 따라 제빵사로 분류한다.

(3) 다수 직업 종사자의 분류 원칙

① 의미 : 전혀 상관성이 없는 두 가지 이상의 직업에 종사하는 사람

② 분류 원칙

- 취업 시간 우선의 원칙
- 수입 우선의 원칙
- 조사 시 최근 직업의 원칙

(4) 한국표준직업분류상 직업 순서 배열의 원칙

① 한국표준산업분류 : 대분류 7-기능원의 경우는 거의 모든 산업에 종사하고 있는데, 이 경우 한국표준산업분류에 따라 분류한다.

② 특수-일반분류 : 특수와 그 특수를 포함하는 일반이 있을 경우에는 특수를 먼저 배열한 후 일반을 배열한다.

③ 고용자 수와 직능 수준, 직능 유형 고려 : 직능 수준과 고용자 수가 많은 직무를 우선하여 배열한다.

| 기출문제 |

01 한국표준직업분류에서 직업으로 보지 않는 활동 6가지를 쓰시오.

★★★ [150119, 140218, 100410, 100114, 100207, 090203, 080105, 070309]

☞ 모범답안

① 의무 복무 중인 사병, 단기부사관, 장교 등
② 사회복지시설 수용자의 시설 내 경제활동
③ 수형자의 활동과 같이 법률에 의한 강제노동을 하는 경우
④ 자기 집의 가사활동에 전념하는 경우
⑤ 교육기관에 재학하며 학습에만 전념하는 경우
⑥ 도박, 강도, 매춘 등 불법적인 활동

02 한국표준직업분류에서 속박된 상태에서의 제반활동으로 인하여 직업으로 보지 않는 활동 3가지를 쓰시오.

★★★ [150119, 140218, 100410, 100207, 100114, 090203, 080105, 070309]

☞ 모범답안

① 의무 복무 중인 사병, 단기부사관, 장교 등
② 사회복지시설 수용자의 시설 내 경제활동
③ 수형자의 활동과 같이 법률에 의한 강제노동을 하는 경우

03 한국표준직업분류(2007)에서 직업으로 규명되기 위한 요건 4가지를 쓰고 각각에 대해 간략히 설명하시오.

★★★ [140203, 130315, 130114, 110116, 060312]

☞ 모범답안

① 계속성 : 유사한 직무를 계속적으로 수행하여야 한다.
② 경제성 : 노동에 대가에 따른 수익이 있어야 한다.
③ 사회성 : 사회적으로 가치 있고 쓸모 있는 일이어야 한다.
④ 윤리성 : 비윤리적이지 않아야 한다.

04 한국표준직업분류(2007)에서 '일의 계속성'에 해당하는 경우를 4가지 쓰시오.
★★★

☞ 모범답안

① 매일, 매주, 매월 등 주기적으로 행해져야 한다.

② 계절적으로 행해져야 한다.

③ 계속적으로 행해져야 한다.

④ 계속적으로 행할 의지와 가능성이 있어야 한다.

05 한국표준직업분류(2007)상 '다수 직업 종사자'란 무엇인지 그 의미를 설명하고, 이의 직업을 분류하는 일반적인 원칙을 순서대로 쓰시오.

★★★ [120204, 110317, 110114, 100307, 080320, 050312, 000111]

☞ 모범답안

(1) 의미 : 전혀 상관성이 없는 두 가지 이상의 직업에 종사하는 사람

(2) 분류 원칙

　　① 취업 시간 우선의 원칙

　　② 수입 우선의 원칙

　　③ 조사 시 최근 직업의 원칙

06 한국표준직업분류(2007) 중 포괄적인 업무에서 주된 직무 우선 원칙의 의미와 그 예를 쓰시오.

★★★ [120303, 090305, 090213, 070102, 050111, 010106]

☞ 모범답안

① 의미 : 2개 이상의 직무를 수행하는 경우, 상관성이 가장 높은 항목에 분류한다.

② 예시 : 종합병원 의사가 강의, 연구를 주로 한다면 의과대학 교수가 된다. 하지만 진료, 처치를 주로 한다면 의사로 분류한다.

07 한국표준직업분류(2007)의 직업 분류 원칙 중 포괄적인 업무에 대한 직업 분류 원칙을 적용하는
순서대로 쓰고 각각에 대해 설명하시오.
★★★ [140203, 130315, 130114, 110116, 060312]

☞ 모범답안
① 주된 직무 우선의 원칙 : 2개 이상의 직무를 수행하는 경우, 상관성이 가장 높은 항목에 분류한다.
② 최상급 직능 수준 우선의 원칙 : 직무가 상이한 수준의 훈련을 통해 얻어진다면, 가장 높은 수준의 직무능력을 필
요로 하는 일에 분류한다.
③ 생산업무 우선의 원칙 : 재화의 생산과 공급이 같이 이루어지는 경우 생산 단계의 업무를 우선적으로 분류한다.

08 한국표준직업분류에서 직능 수준을 정규 교육과정에 따라 설명하시오.
★★ [060310, 050203]

☞ 모범답안
① 제1직능 수준 : 초등교육이나 기초적인 교육을 필요로 한다.
② 제2직능 수준 : 중등이상의 교육과정의 정규교육 이수 또는 이에 상응하는 직업훈련을 필요로 한다.
③ 제3직능 수준 : 중등교육을 마치고 1~3년 정도의 추가적인 교육과정을 필요로 한다.
④ 제4직능 수준 : 학사, 석사나 그와 동등한 학위가 수여되는 교육과정을 필요로 한다.

09 국제표준직업분류에서 정의한 제2직능 수준을 국제표준교육분류를 포함하여 설명하시오.
★★

☞ 모범답안
일반적으로 정확한 계산 능력과 상당한 정도의 의사소통 능력이 필요하며, 보통 중등 이상의 교육과정의 정규교육
이수(ISCED 2 또는 3수준)에 상응하는 훈련이나 경험이 필요하다.

10 한국표준직업분류에서 유사 직무를 구분하는 4가지를 쓰시오.
★★ [150215]

☞ 모범답안
① 해당 직무를 수행하는 사람에게 필요한 지식
② 해당 직무를 수행하는 사람에게 필요한 기술
③ 해당 직무를 수행하는 사람에게 필요한 경험
④ 직무 수행자가 입직을 하기 위해서 필요한 요건

11 한국표준직업분류에서 직업분류의 일반원칙 2가지를 쓰고 설명하시오.
★★ [150106]

☞ 모범답안

① 포괄성의 원칙 : 우리나라에 존재하는 모든 직무는 어떤 수준에서든지 분류에 포괄되어야 한다.
② 배타성의 원칙 : 동일하거나 유사한 직무는 어느 경우든 같은 단위의 직업으로 분류되어야 한다.

12 한국표준직업분류의 대분류 항목과 직능 수준의 관계를 묻는 표 안의 빈칸을 채우시오.
★★ [140109]

대분류 항목	직능 수준
관리자	① ( )
전문가 및 관련 종사자	② ( )
서비스 종사자	③ ( )
기능원 및 관련 기능 종사자	④ ( )

☞ 모범답안

① 제4직능 수준 혹은 제3직능 수준 필요
② 제4직능 수준 혹은 제3직능 수준 필요
③ 제2직능 수준 필요
④ 제2직능 수준 필요

13 한국표준직업분류(2007)의 동일한 분류 수준에서 직무 단위를 분류하는 순서 배열 원칙 3가지 설명하시오.
★ [110207]

☞ 모범답안

① 한국표준산업분류 : 대분류7-기능원의 경우는 거의 모든 산업에 종사하고 있는데, 이 경우 한국표준산업분류에 따라 분류한다.
② 특수-일반분류 : 특수와 그 특수를 포함하는 일반이 있을 경우에는 특수를 먼저 배열한 후 일반을 배열한다.
③ 고용자 수와 직능 수준, 직능 유형 고려 : 직능 수준과 고용자 수가 많은 직무를 우선하여 배열한다.

2 한국표준산업분류

이론 스토리

한국표준산업분류는 산업 통계자료의 정확성과 산업 정책 관련 법령의 적용 기준이 되기 위하여 만들어진 것으로서, 국제표준산업분류를 기반으로 만들어진 직업정보이다. 한국표준산업분류를 이해하기 위해서는 산업 활동과 산업 및 그 범위에 대한 이해가 필요하다.

① 산업 활동 : 산업 활동은 각 생산 단위가 노동, 자본 등을 투입하여 재화 또는 서비스를 생산하는 활동과정을 의미한다.

예를 들어 여성인력개발센터라는 사업체가 신강사와 교실을 투입하여 서비스를 만들어 낸다면 이는 교육 서비스 활동이 될 것이다.

② 산업 : '유사한 성질을 갖는 산업 활동에 종사하는 생산 단위'의 집합이다. 교육 서비스 활동에 종사하는 생산 단위들의 집합은 교육 서비스업이 된다.

③ 산업 활동의 범위 : 영리적, 비영리적 활동이 모두 포함되나 가정 내의 가사활동은 제외된다.

어떤 산업을 분류하기 위해서는 각 생산단위의 통계를 어떻게 잡을 것인지를 결정하는 것이 가장 중요하다. 생산 단위는 활동과 장소에 의해서 다음과 같이 구분하게 된다.

구분	하나 이상의 장소	단일 장소
하나 이상의 산업 활동	기업집단	지역 단위
	기업체 단위	
단일 산업 활동	활동유형 단위	사업체 단위

만약 어떤 기업이 하나 이상의 장소에서 하나 이상의 활동을 하고 있다면 그 기업이나 기업체 집단 단위를 생산 단위로 산업 활동과 산업이 결정되게 된다.

이렇게 통계 단위를 어느 범위로 할지 결정을 하게 되면, 그 기업의 다양한 산업 활동을 결정하여 구분 짓게 되는데, 이때 산업 활동의 구분은 크게 3가지로 한다.

① 주된 산업 활동 : 부가가치가 가장 큰 활동
② 부차적 산업 활동 : 주된 산업 활동 이외의 재화 생산 및 서비스 제공 활동
③ 보조 활동 : 각 생산 활동을 지원해 주기 위하여 존재하는 활동

이때, 보조 단위가 분명하지만 보조 단위가 아닌 별개의 활동으로 간주하여야 하는 활동이 있기 때문에 이 부분을 유의하여 분류할 필요가 있다.

① 고정자산 형성의 일부인 재화의 생산
② 모 생산 단위에서 사용되는 재화나 서비스를 보조적으로 생산하더라도 그 생산되는 재화나 서비스의 대부분을 다른 시장에 판매하는 경우
③ 모 생산 단위가 생산하는 생산품의 구성부품이 되는 재화를 생산하는 경우
④ 연구 및 개발 활동은 전문 과학 및 기술 서비스업으로 분류한다.

이렇게 한 기업집단이나 사업체의 산업 활동 분류가 끝나게 되면, 그 자료를 바탕으로 산업을 결정하게 된다. 이때 산업의 결정은 주된 산업 활동에 의하여 결정되지만 부가가치의 판단이 어렵거나 특별한 상황의 경우에 아래의 결정 방법에 의하여 산업 결정을 하게 된다.

① 주된 산업 활동에 따라 결정하며 부가가치의 판단이 어려울 경우 산출액에 의하여 결정한다. 위의 원칙에 의하여 결정을 내리기 어려운 경우에는 종업원 수, 임금 및 설비의 정도에 의해 결정한다.
② 계절에 따라 정기적으로 산업을 달리하는 사업체는 조사 대상 기간 중 산출액이 많았던 활동에 의하여 분류한다.
③ 휴업 중 또는 청산중인 사업체는 영업 중 또는 청산 전의 산업 활동에 의하여 분류한다.
④ 설립 중인 사업체는 개시하는 산업 활동에 의하여 분류한다.

산업이 결정된 후에는 일정한 분류 기준에 따라 한국표준산업분류표에 포함을 시키게 된다. 이때, 산업을 분류하기 위한 기준과 산업 분류를 할 때 지켜야 할 원칙은 다음과 같다.

(1) 산업 분류 기준
　① 산출물의 특성
　② 투입물의 특성
　③ 생산 활동의 일반적인 결합 형태

(2) 산업 분류의 적용 원칙
　① 생산 단위는 산출물뿐만 아니라 투입물과 생산 공정 등을 함께 고려하여 분류
　② 복합적인 활동 단위는 대분류를 결정한 후 중, 소, 세, 세세분류를 결정
　③ 산업 활동이 결합되어 있는 경우에는 주된 활동에 따라서 분류

요약 · 정리

■ 용어의 정의

(1) 산업 활동

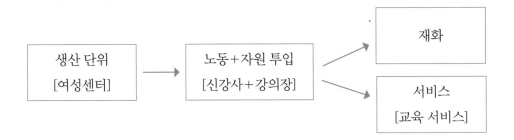

(2) 산업 : 유사한 성질을 갖는 산업 활동에 종사하는 생산 단위의 집합

(3) 산업 활동의 범위 : 영리적, 비영리적 활동이 모두 포함되나 가정 내의 가사활동은 제외된다.

■ 산업의 결정 방법

(1) 통계 단위[생산 단위]

구분	하나 이상의 장소	단일 장소
하나 이상의 산업 활동	기업집단	지역 단위
	기업체 단위	
단일 산업 활동	활동유형 단위	사업체 단위

(2) 통계 단위의 산업 활동 결정 방법

　① 주된 산업 활동 : 부가가치가 가장 큰 활동

　② 부차적 산업 활동 : 주된 산업 활동 이외의 재화 생산 및 서비스 제공 활동

　③ 보조 활동 : 각 생산 활동을 지원해 주기 위하여 존재하는 활동

　④ 보조 단위가 아닌 별개의 활동으로 간주하여야 하는 활동

　　㉠ 고정자산 형성의 일부인 재화의 생산

　　㉡ 모 생산 단위에서 사용되는 재화나 서비스를 보조적으로 생산하더라도 그 생산되는 재화나 서비스의 대부분을 다른 시장에 판매하는 경우

　　㉢ 모 생산 단위가 생산하는 생산품의 구성부품이 되는 재화를 생산하는 경우

　　　ⓔ 연구 및 개발 활동은 전문 과학 및 기술 서비스업으로 분류한다.

(3) 산업 결정 방법

　　① 주된 산업 활동에 따라 결정 → 산출액 → 종업원 수, 임금 및 설비의 정도

　　② 계절에 따라 정기적으로 산업을 달리하는 사업체 → 조사 대상 기간 중 산출액이 많았던
　　　활동에 의하여 분류

　　③ 휴업 중 또는 청산 중인 사업체 → 영업 중 또는 청산 전의 산업 활동에 의하여 분류

　　④ 설립 중인 사업체 → 개시하는 산업 활동에 의하여 분류

■ 산업 분류 기준 및 원칙

(1) 산업 분류 기준

　　① 산출물의 특성

　　② 투입물의 특성

　　③ 생산 활동의 일반적인 결합 형태

(2) 산업분류의 적용 원칙

　　① 생산 단위는 산출물뿐만 아니라 투입물과 생산 공정 등을 함께 고려하여 분류

　　② 복합적인 활동 단위는 대분류를 결정한 후 중, 소, 세, 세세분류를 결정

　　③ 산업 활동이 결합되어 있는 경우에는 주된 활동에 따라서 분류

| 기출문제 |

01 한국표준산업분류(2008)의 산업분류기준 3가지를 쓰시오.
★★★ [120309, 110208, 090212, 080103, 070106]

☞ **모범답안**
① 산출물의 특성
② 투입물의 특성
③ 생산 활동의 일반적인 결합 형태

02 한국표준산업분류(2008)에서 산업, 산업활동, 산업활동의 범위를 각각 설명하시오.
★★ [130213, 100210, 070317]

☞ **모범답안**
① 산업활동 : 산업활동은 각 생산 단위가 노동, 자본 등을 투입하여 재화 또는 서비스를 생산하는 활동과정을 의미한다.
② 산업 : '유사한 성질을 갖는 산업 활동에 종사하는 생산 단위'의 집합
③ 산업활동의 범위 : 영리적, 비영리적 활동이 모두 포함되나 가정 내의 가사활동은 제외된다.

03 한국표준산업분류(2008)에서 통계 단위의 산업을 결정하는 방법을 3가지 쓰시오.
★★ [120112, 080311]

☞ **모범답안**
① 주된 산업 활동에 따라 결정하며 부가가치의 판단이 어려울 경우 산출액에 의하여 결정한다. 위의 원칙에 의하여 결정을 내리기 어려운 경우에는 종업원 수, 임금 및 설비의 정도에 의해 결정한다.
② 계절에 따라 정기적으로 산업을 달리하는 사업체는 조사 대상 기간 중 산출액이 많았던 활동에 의하여 분류한다.
③ 휴업 중 또는 청산 중인 사업체는 영업 중 또는 청산 전의 산업 활동에 의하여 분류한다.
④ 설립 중인 사업체는 개시하는 산업 활동에 의하여 분류한다.

04 한국표준산업분류(2008)의 사례별 결정 방법과 산업 분류의 적용 원칙을 쓰시오.
★★

☞ **모범답안**
(1) 산업 결정 방법

① 주된 산업 활동에 따라 결정하며 부가가치의 판단이 어려울 경우 산출액에 의하여 결정한다. 위의 원칙에 의하여 결정을 내리기 어려운 경우에는 종업원 수, 임금 및 설비의 정도에 의해 결정한다.

② 계절에 따라 정기적으로 산업을 달리하는 사업체는 조사 대상 기간 중 산출액이 많았던 활동에 의하여 분류한다.

③ 휴업 중 또는 청산 중인 사업체는 영업 중 또는 청산 전의 산업 활동에 의하여 분류한다.

④ 설립 중인 사업체는 개시하는 산업 활동에 의하여 분류한다.

(2) 산업 분류의 적용 원칙

① 생산 단위는 산출물뿐만 아니라 투입물과 생산공정 등을 함께 고려하여 분류

② 복합적인 활동 단위는 대분류를 결정한 후 중, 소, 세, 세세분류를 결정

③ 산업 활동이 결합되어 있는 경우에는 주된 활동에 따라서 분류

05 "생산단위는 산출물뿐만 아니라 (   )과 (   )을 함께 고려하여 그들의 활동을 가장 정확하게 설명된 항목에 분류해야 한다." 다음 빈 칸에 들어갈 말을 쓰시오.

☞ **모범답안**

생산단위는 산출물뿐만 아니라 투입물과 생산공정 등을 함께 고려하여 분류

06 한국표준산업분류(2008)에서 통계 단위는 생산 단위의 활동에 관한 통계 작성을 위하여 필요한 정보를 수집 또는 분석할 대상이 되는 관찰 또는 분석 단위를 말한다. 다음 표에 들어갈 생산 활동과 장소의 동질성의 차이에 따라 통계단위를 쓰시오.

[100412, 090315]

구분	하나 이상의 장소	단일 장소
하나 이상의 산업 활동	(A)	(B)
	기업체 단위	
서비스 종사자	활동유형 단위	(C)

☞ **모범답안**

① A : 기업 단위

② B : 지역 단위

③ C : 사업체 단위

07 한국표준산업분류(2008)의 활동 단위와 관련하여 해당 활동 단위를 보조 단위가 아닌, 별개의 독립된 활동으로 보아야 하는 4가지 유형을 쓰시오.

★ [110311]

☞ **모범답안**

① 고정자산 형성의 일부인 재화의 생산

② 모 생산 단위에서 사용되는 재화나 서비스를 보조적으로 생산하더라도 그 생산되는 재화나 서비스의 대부분을 다른 시장에 판매하는 경우

③ 모 생산 단위가 생산하는 생산품의 구성부품이 되는 재화를 생산하는 경우

④ 연구 및 개발 활동은 전문 과학 및 기술 서비스업으로 분류한다.

직업정보의 유형과 이해

1 직업정보의 주요 용어

요약 · 정리

■ 고용정보의 유형

(1) 거시 고용정보 : 객관적인 기준에 따라 포괄적인 정보를 제공하는 것으로 노동시장 동향, 인력수급 정책 등이 있다.

· 고용통계 용어

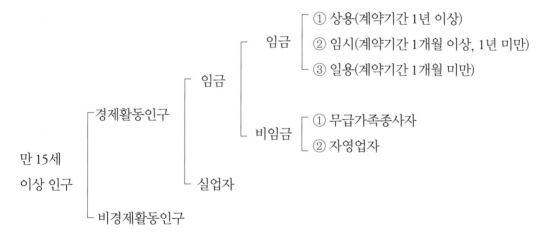

· 고용정보 공식

　① 경제활동참가율＝경제활동인구/만 15세 이상 인구×100

　② 경제활동인구＝15세 이상 인구－비경제활동인구

기혼여성의 경제활동참가율을 결정하는 요인과 상관관계

① 여성을 위한 법적 · 제도적 장치가 많을수록 여성의 경제활동 참가율은 높다.

② 시장임금의 남녀 격차가 적게 날수록 여성의 경제활동 참가율은 높다.

③ 남편의 소득이 낮을수록 여성의 경제활동 참가율은 높다.

④ 육아의 필요성이 있는 자녀의 수가 적을수록 여성의 경제활동 참가율은 높다.

⑤ 여성의 교육수준이 높을수록 여성의 경제활동 참가율은 높다.

⑥ 파트타임 근무가 많을 경우 여성의 경제활동 참가율은 높다.

③ 취업률＝취업자/경제활동인구×100

④ 실업률＝실업자/경제활동인구×100

⑤ 고용률＝취업자/만 15세 이상 인구×100

(2) 미시 고용정보 : 특정 목적에 맞게 해당 분야의 정보를 선택적으로 제공하는 것으로 구인
및 구직정보, 임금정보 등이 있다.

- 구인구직 용어

① 입직률＝당월 총 입직자 수/전월말 근로자 수×100

  ※ 입직자 수＝신규 채용 인원수＋전입 인원수

② 이직률＝당월 총 이직자 수/전월말 근로자 수×100

③ 취업률＝취업건수/신규 구직자 수×100

④ 구인배율＝신규 구인 인원/신규 구직 건수

| 기출문제 |

01 국가의 고용동향이 다음과 같을 때 경제활동참가율을 구하시오.

(소수점 셋째 자리에서 반올림하시오.)

★★★ [150108, 150107, 140205, 140107, 130202, 110315, 100201, 100101, 090211, 080116, 000101, 000102]

15세 이상 인구	비경제활동 인구	취업자 수	자영업자
35,986	14,716	20,149	5,646

☞ **모범답안**

① 경제활동인구 = 35,986 − 14,716

           = 21,270

② 경제활동참가율 = $\dfrac{21,270}{35,986} \times 100$

           = 59.11(%)

02 A회사의 9월말 사원 수는 1,000명이었다. 신규 채용인원 수는 20명, 전입 인원 수는 80명일 때, 10월의 입직률의 의미와 입직률을 구하시오.

★★★ [150107, 150108, 140205, 140107, 130202, 110315, 100201, 100101, 090211, 080116, 000101, 000102]

☞ **모범답안**

① 입직률의 의미 : 회사에 신규채용이나 전입으로 입직한 근로자를 전체 근로자수로 나눈 비율

② 입직률(%) = $\dfrac{80명 + 20명}{1,000명} \times 100$

           = 10(%)

03 다음 보기의 조건을 보고 실업률을 구하시오. (단, 소수점 둘째자리에서 반올림하고, 계산 과정을 제시하시오.)

★★★

> • 만 15세 이상 인구 수 : 35,986천 명
> • 비경제활동인구 수 : 14,716천 명
> • 취업자 수 : 20,149천 명
>   (자영업자 5,646천 명, 무급가족종사자 1,684천 명, 상용근로자 6,113천명, 임시근로자 4,481천명, 일용근로자 2,225천 명)

☞ **모범답안**

① 경제활동인구 = 35,986−14,716
　　　　　　 = 21,270(천 명)

② 실업자 수 = 21,270−20,149
　　　　　 = 1,121(천 명)

③ 실업률 = $\dfrac{1,121}{21,2770} \times 100$

　　　 = 5.3 (%)

04 다음의 경제활동참가율, 실업률, 고용률을 구하시오(단, 소수점 둘째자리에서 반올림하고, 계산과정을 제시하시오).

★★★

> • 전체 인구 수 : 500　　　　　　　　　　　　　　　　　　[단위 : 천 명]
> • 15세 이상 인구수 : 400
> • 취업자 수 : 200
> • 실업자 수 : 20
> • 정규직 직업을 구하려고 하는 단시간 근로자 수 : 10

☞ **모범답안**

(1) 경제활동참가율
　① 경제활동인구 = 200+20=220
　② 경제활동참가율 = $\dfrac{220}{400} \times 100$

(2) 실업률
　① 실업률 = $\dfrac{20}{220} \times 100$
　　　 = 9.1(%)

(3) 고용률

$$고용률 = \frac{200}{400} \times 100$$

$$= 50(\%)$$

05 다음의 표를 보고 질문에 답변하시오.
★★★

기간	신규 구인	신규 구직	알선 건 수	취업자 수
A	103,062	426,746	513,973	36,710
B	299,990	938,855	1,148,534	119,020

1. A기간의 구인배율은?

2. B기간의 구인배율은?

3. A기간의 취업률은?

4. B기간의 취업률은?

5. A기간과 B기간의 경제 동향은?

☞ **모범답안**

① A기간의 구인배율 = $\dfrac{구인 \ 인원}{구직자 \ 수}$

구인배율 = $\dfrac{103,062}{426,746}$ = 0.24

② B기간의 구인배율 = $\dfrac{구인 \ 인원}{구직자 \ 수}$

구인배율 = $\dfrac{299,990}{938,855}$ = 0.32

③ A기간의 취업률 = $\dfrac{취업자 \ 수}{구직자 \ 수} \times 100$

취업률 = $\dfrac{36,710}{426,746} \times 100$ = 8.60(%)

④ B기간의 취업률 = $\dfrac{취업자 \ 수}{구직자 \ 수} \times 100$

취업률 = $\dfrac{119,020}{938,855} \times 100$ = 12.68(%)

⑤ A기간과 B기간의 경제동향은?

　A기간과 B기간의 구인배율을 비교해 보면 B기간이 A기간보다 0.08 정도 높아졌다. 이러한 이유로 경제동향을 살펴보면 B기간 동안 기업들이 시장에서 기업 활동을 확대하면서 일자리 창출과 노동자의 수요를 불러 일으켰다고 볼 수 있으며, 따라서 A기간보다 B기간이 경기가 좋았다고 볼 수 있다.

06 어떤 국가의 고용률이 50%이고, 실업률(실업자 50만 명)이 10%라면, 이 나라의 경제활동인구수와 비경제활동 인구수를 계산하시오.

☞ **모범답안**

(1) 고용률 $= \dfrac{\text{취업자 수}}{\text{15세 이상 인구}} \times 100$

(2) 실업률 $= \dfrac{\text{실업자 수}}{\text{경제활동인구}} \times 100$

　　$10\% = 50/x \times 100$

　　$10x = 5000$

　　$x = 500$(만 명)

(3) 취업자 = 경제활동인구 − 실업자

　　　　　 = 500(만 명) − 50(만 명) = 450(만 명)

(4) 고용률 50(%) $= 450/x \times 100$

　　　　　　$50x = 45000$

　　　　　　　$x = 900$(만 명)

　　이때, 경제활동 인구 = 500만 명

　　비경제활동인구 = 만 15세 이상 인구 − 경제활동인구

　　　　　　　　 = 900(만 명) − 500(만 명)

　　　　　　　　 = 400(만 명)

07 기혼여성의 경제활동참가율을 결정하는 요인 6가지와 그 상관관계를 설명하시오.
★★★ [140208, 120106, 110308, 100301, 070101, 050303, 030113]

☞ **모범답안**
① 여성을 위한 법적·제도적 장치가 많을수록 여성의 경제활동 참가율은 높다.
② 시장임금의 남녀격차가 적게 날수록 여성의 경제활동 참가율은 높다.
③ 남편의 소득이 낮을수록 여성의 경제활동 참가율은 높다.
④ 육아의 필요성이 있는 자녀의 수가 적을수록 여성의 경제활동 참가율은 높다.
⑤ 여성의 교육 수준이 높을수록 여성의 경제활동 참가율은 높다.
⑥ 파트타임 근무가 많을 경우 여성의 경제활동 참가율은 높다.

08 고용정보를 미시 정보와 거시 정보로 나눈 뒤, 그 예를 각각 2가지씩 적으시오.

★ [090216]

☞ **모범답안**

(1) 거시 고용정보

　　① 의미 : 객관적인 기준에 따라 포괄적인 정보를 제공

　　② 예시 : 노동시장동향, 인력수급정책 등이 있다.

(2) 미시 고용정보

　　① 의미 : 특정 목적에 맞게 해당 분야의 정보를 선택적으로 제공

　　② 예시 : 구인 및 구직정보, 임금정보 등이 있다.

 가볍게 읽고 넘어가는 문제

01 직업능력개발훈련의 구분 중 훈련 목적에 따른 구분 3가지를 쓰고 설명하시오. [140103]

☞ 모범답안

① 양성훈련 : 기초적 직무수행능력을 습득시키는 직업훈련

② 향상훈련 : 기초적 직무수행능력을 가진 사람에게 더 높은 직무수행 능력을 습득시키는 훈련

③ 전직훈련 : 새로운 직업에 필요한 직무수행능력을 습득시키기 위한 훈련

노동시장론

I 노동시장의 이해

1 노동의 수요와 공급

이론 스토리

노동의 수요는 제품의 수요 곡선과 같다. 이때, 노동을 사는 사람은 사업주이므로 노동 수요를 이해하기 위해서는 사업주 입장에서의 접근이 필요하다. 사업주의 입장에서 시장임금이 올라가게 되면, 기업의 비용이 올라가게 되므로 자연스럽게 노동 수요를 줄이게 될 것이다. 반대로 시장임금이 내려가게 되면 비용 대비 이윤을 창출할 수 있을 것이므로 사업주의 입장에서는 노동의 수요를 증대시키게 될 것이다. 이렇게 임금과 노동 수요의 점들을 연결해 보면, 우하향하는 곡선을 그리게 되는데, 이러한 곡선을 노동 수요 곡선이라고 한다.

노동의 수요를 결정짓는 요인은 다음과 같다.

① 임금
② 최종생산물에 대한 소비자의 수요
③ 다른 생산요소의 가격변화
④ 노동의 생산성 변화
⑤ 생산기술의 진보

반대로 노동을 공급하는 사람은 근로자이므로 노동 공급 곡선을 이해하기 위해서는 근로자 입장에서의 접근이 필요하다. 완전경쟁시장에서 시장임금이 올라가게 되면, 그 업무에 지원하는 사람이 많아지게 될 것이므로 노동의 공급이 증대될 것이다. 반면, 시장임금이 낮아지게 되면은 지원자는 그만큼 줄어들게 되기 때문에 노동 공급 또한 줄어드는 우상향의 곡선이 그려지게 될 것이다.

완전경쟁시장에서는 노동의 수요와 공급이 일치되는 지점에서 임금과 근로자의 채용 수준이 결정이 되며 이러한 임금은 한계생산력설에 의하여 설명이 될 수 있다.

이때, 노동의 공급에 영향을 주는 요인은 다음과 같다.

(1) 노동 공급의 결정 요인
① 인구 또는 생산가능인구 : 인구 또는 생산가능인구가 증가할수록 노동 공급도 증가한다.
② 경제활동참가율 : 경제활동참가율이 증가할수록 노동 공급도 증가한다.
③ 노동 공급 시간 : 노동 공급 시간이 증가할수록 노동 공급도 증가한다.

④ 일에 대한 노력 : 노동자가 일에 대한 노력을 많이 기울일수록 노동 공급도 증가한다.

⑤ 노동력의 질 : 노동자가 많은 능력을 가질수록 노동 공급도 증가한다.

노동 시간은 노동 공급의 결정 요인에 영향을 미치는 대표적인 요소이다. 이때, 임금에 따라 노동 시간은 달라지게 되며, 이로 인하여 노동 공급도 달라지게 된다.

흔히, 임금이 어느 정도 상승한다고 가정할 때, 개인은 소득으로 여가를 대체하려고 하여 노동 시간을 늘리면서 여가를 포기하게 되는데, 이때 노동 공급은 임금에 비례하여 우상향을 그리게 된다. 그러나 먹고 살 만큼의 많은 재력을 축적하거나, 많은 돈을 받게 되면 개인은 소득보다는 자신의 여가 생활을 즐기는 시간을 훨씬 중요하게 생각하게 된다. 이때, 임금이 오르더라도 노동 공급은 줄이려고 하는 굴절형의 곡선을 그리게 된다.

① 대체효과 : 임금이 상승하는 경우, 소득이 여가보다 가치가 커져서 노동 시간을 늘리는 것을 말한다.

② 소득효과 : 임금 상승으로 소득이 일정 수준 이상 증가하게 되면, 여가에 대한 가치가 소득보다 커져서 노동 시간을 줄인다는 것을 말한다.

요약 · 정리

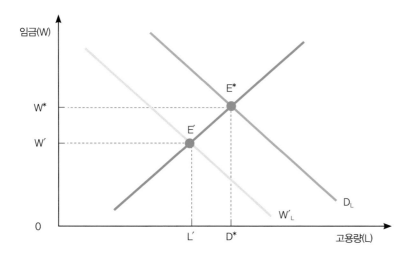

■ 대체효과와 소득효과

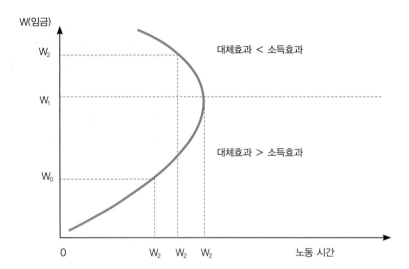

| 기출문제 |

01 노동 공급을 결정하는 요인 4가지를 쓰고 설명하시오.

★★★ [110218, 110103, 100115, 080113]

☞ **모범답안**

① 인구 또는 생산가능인구 : 인구 또는 생산가능인구가 증가할수록 노동 공급도 증가한다.

② 경제활동참가율 : 경제활동참가율이 증가할수록 노동 공급도 증가한다.

③ 노동 공급 시간 : 노동 공급 시간이 증가할수록 노동 공급도 증가한다.

④ 일에 대한 노력 : 노동자가 일에 대한 노력을 많이 기울일수록 노동 공급도 증가한다.

02 노동 공급의 결정 요인을 5가지만 쓰시오.

★★★

☞ **모범답안**

① 인구 또는 생산가능인구

② 경제활동 참가율

③ 노동 공급 시간

④ 일에 대한 노력

⑤ 노동력의 질

03 여가와 소득의 선택모형에서 여가의 대체효과와 소득효과의 의미를 쓰고 여가가 열등재일 때 소득 증대에 따른 노동 공급의 변화를 설명하시오.

★★★ [120116, 100213, 100108, 100408, 090204]

☞ **모범답안**

① 대체효과 : 임금이 상승하는 경우, 소득이 여가보다 가치가 커져서 노동 시간을 늘리는 것을 말한다.

② 소득효과 : 임금 상승으로 소득이 일정 수준 이상 증가하게 되면, 여가에 대한 가치가 소득보다 커져서 노동 시간을 줄인다는 것을 말한다.

③ 여가가 열등재일 때 노동 공급의 변화 : 여가가 열등재일 때에는 대체효과가 소득효과보다 크게 나타나므로 노동 공급을 늘리게 된다.

04 탤런트 A양은 대기업 회장의 외아들 B씨와 결혼을 하게 된다. 결혼이 A양의 경제활동 참가에 어떠한 영향을 미치는지 여가와 소득의 선택모형을 이용하여 설명하시오.
★★★

☞ **모범답안**

① 대체효과 : 임금이 상승하는 경우, 소득이 여가보다 가치가 커져서 노동 시간을 늘리는 것을 말한다.

② 소득효과 : 임금 상승으로 소득이 일정 수준 이상 증가하게 되면, 여가에 대한 가치가 소득보다 커져서 노동 시간을 줄인다는 것을 말한다.

③ 탤런트 A양은 대기업 회장의 외아들과 결혼을 하게 되면서 비노동 소득이 증가하게 되었다. 이때, A양은 소득효과가 대체효과보다 크게 발생이 되기 때문에 노동 공급을 줄이게 될 것이며 그로 인하여 경제활동 참가에 소극적인 태도를 보이게 될 것이다.

05 중소기업에 다니고 있는 갑씨는 자식이 없는 고모로부터 세금을 제외하고 약 40억 원의 유산을 증여받았다. 갑씨가 계속해서 경제활동을 할 것인가를 결정하기 위해서 노동자의 여가와 소득의 선택모형을 활용하였을 때 어떤 결정이 나올지, 또 그 이유는 무엇인지에 대해서 설명하시오.
★★★

☞ **모범답안**

① 대체효과 : 임금이 상승하는 경우, 소득이 여가보다 가치가 커져서 노동 시간을 늘리는 것을 말한다.

② 소득효과 : 임금 상승으로 소득이 일정 수준 이상 증가하게 되면, 여가에 대한 가치가 소득보다 커져서 노동 시간을 줄인다는 것을 말한다.

③ 갑씨는 유산(비노동 소득)을 받게 되면서 많은 자본을 축적하게 된다. 이로 인하여, 소득효과가 대체효과보다 높게 나타나게 되어 경제활동을 줄이려 할 것이다.

06 여가가 열등재일 경우 노동 공급 곡선은 '우상향한다'라는 말이 참인지 거짓인지를 쓰고 그 이유를 설명하시오.
★★★

☞ **모범답안**

① 참

② 여가가 열등재일 경우, 개인은 소득으로 여가를 대체하려고 한다. 즉 대체효과가 소득효과보다 높게 발생이 되기 때문에 노동 공급이 증가하는 우상향의 곡선을 그리게 된다.

07 임금상승률에 따라 노동 공급 곡선은 '우상향한다'는 말이 참인지, 거짓인지, 불확실한지 판정하고, 여가와 소득의 선택모형에 의거하여 이유를 설명하시오.

★★

☞ **모범답안**

① 불확실

② 임금이 어느 정도 상승한다고 가정할 때, 개인은 소득으로 여가를 대체하려고 하여 노동 시간을 늘리면서 여가를 포기하게 되는데 이때 노동 공급은 임금에 비례하여 우상향을 그리게 된다. 그러나 먹고 살 만큼의 많은 재력을 축적하거나, 많은 돈을 받게 되면 개인은 소득보다는 자신의 여가 생활을 즐기는 시간을 훨씬 중요하게 생각하게 된다. 이때, 임금이 오르더라도 노동 공급은 줄이려고 하는 후방 굴절형의 곡선을 그리게 된다. 그렇기 때문에 임금률이 상승함에 따라 노동 공급이 우상향한다는 말은 불확실하게 된다.

08 정부가 출산 장려를 위해 근로시간당 1,000원의 육아비용 보조금을 지원하기로 하였다면 이 육아비용 보조금이 부모의 노동공급에 미치는 효과를 다음 두 가지 경우로 구분하여 설명하시오.

[160105, 130301]

1. 부모가 육아비용 보조금이 지급되기 이전에 근로를 하고 있지 않은 경우

2. 부모가 육아비용 보조금이 지급되기 이전부터 근로를 하고 있었던 경우

☞ **모범답안**

(1) 미취업자의 경우 육아보조금으로 인해 실질임금이 상승하면, 개인의 희망임금 수준에 따라 경제활동에 참여하거나 그대로 미취업 상태에 머물 수 있으므로 평균적으로는 노동공급이 증가할 것으로 예상된다.

(2) 기존 취업자의 경우 실질임금의 상승은 소득효과와 대체효과의 크기에 따라 노동공급에 영향을 주게 된다. 이때, 임금이 상대적으로 낮은 계층이라면 대체효과가 소득효과보다 크게 작용하여 노동공급이 증가할 것이며, 임금이 상대적으로 높은 계층이라면 소득효과가 대체효과보다 크게 작용하여 노동공급은 감소할 것이다.

09 노동 수요에 영향을 끼치는 5가지 요인을 쓰시오.

★★ [090115]

☞ **모범답안**

① 임금

② 상품에 대한 소비자의 수요

③ 다른 생산요소의 가격 변화

④ 노동 생산성의 변화

⑤ 생산기술의 진보

2 기업의 최대이윤점

이론 스토리

완전경쟁시장하에서 기업의 목적은 이윤 추구가 될 것이다. 이때 기업들이 어떻게 이윤을 추구하는지를 알아보도록 하겠다. 완전경쟁시장에서는 한 사람을 채용할 때의 구간(한계)에서 드는 비용이 한 사람이 그 구간에서 생산하는 한계생산량×제품의 가격(한계수익)과 일치하는 지점에서 채용을 결정하게 될 것이다. 그 이유는 한계비용이 한계수익보다 많아지게 될 경우 기업의 입장에서는 바로 손실로 이어지게 될 것이기 때문이다. 잡초회사 NHA의 예를 보도록 하겠다. 잡초회사 NHA는 1명을 추가적으로 채용할 때 150원의 비용이 들지만, 이 사람이 벌어들이는 수익이 200원이기 때문에 순이익 50원을 남길 수 있다. 이는 1명에서 추가적으로 한 명을 더 채용 시에도 기업은 50원의 수익을 얻게 된다. 특히 3명을 채용할 시에는 무려 150원의 이윤을 가지고 갈 수 있다. 그러나 4명을 채용했을 때에는 한 사람에게 들어가는 비용(한계비용)과 한 사람이 벌어들이는 수익(한계수익)이 일정해지게 되면서 이때 근로자는 딱 밥값을 한다고 볼 수 있다. 그리고 5명을 채용하게 되면 기업에 입장에서 들어가는 비용인 150원이지만 근로자가 벌어들이는 수익이 50원으로 무려 100원의 손실을 보게 된다. 그렇기 때문에 기업의 입장에서는 4명에서 채용을 멈춤으로써 최대이윤을 추구할 수 밖에 없는 것이다.

요약 · 정리

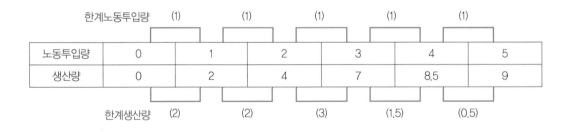

한계노동투입량	(1)		(1)		(1)		(1)		(1)	
노동투입량	0	1	2	3	4	5
생산량	0	2	4	7	8.5	9
한계생산량	(2)	(2)	(3)	(1.5)	(0.5)	

완전경쟁시장에서 A제품을 생산하는 NHA기업의 단기 생산함수가 다음과 같을 때, 이 기업의 이윤극대화를 위한 최적 고용량을 도출하시오.

* NHA 기업의 인부 급여=150원, 제품의 가격=100원

① 기업의 목적은 이윤 추구이고 기업이 최대로 이윤을 추구하는 것은 한계비용과 한계수익

이 같게 될 때이다.

② 한계수익＝생산물의 시장가격＝한계생산량×생산물단가(P)

③ 한계비용＝한계노동투입량×단위가격(임금)

④ 잡초회사 NHA의 구간별 한계비용과 한계수익

　　－제1구간 ⇨ [한계비용＝1×150원＝150원] ≠ [한계수익＝2×100원＝200원]

　　－제2구간 ⇨ [한계비용＝1×150원＝150원] ≠ [한계수익＝2×100원＝200원]

　　－제3구간 ⇨ [한계비용＝1×150원＝150원] ≠ [한계수익＝2×100원＝300원]

　　－제4구간 ⇨ [한계비용＝1×150원＝150원] ＝ [한계수익＝2×100원＝150원]

　　－제5구간 ⇨ [한계비용＝1×150원＝150원] ≠ [한계수익＝2×100원＝50원]

⑤ 잡초회사 NHA의 이윤극대화 구간은 한계비용과 한계수익이 같아지는 제4구간이며, 이 구간에서 기업은 더 이상 채용을 늘리지 않을 것이다.

| 기출문제 |

01 완전경쟁시장에서 A제품을 생산하는 어떤 기업의 단기 생산함수가 다음과 같을 때 이 기업의 이윤 극대화를 위한 최적고용량을 도출하고 그 근거를 설명하시오(단, 생산물 단가는 100원, 단위당 임금은 150원).

★★★ [150312, 130317, 130116, 050102]

노동투입량	0	1	2	3	4	5
생산량	0	2	4	7	8.5	9

☞ **모범답안**

① 기업의 목적은 이윤 추구이고 기업이 최대로 이윤을 추구하는 것은 한계비용과 한계수익이 같게 될 때이다.

② 한계수익 = 생산물의 시장가격 = 한계생산량×생산물단가(P)

③ 한계비용 = 한계노동투입량×단위가격(임금)

④ 기업의 구간별 한계비용과 한계수익
- 제1구간 ➡ [한계비용＝1×150원＝150원] ≠ [한계수익＝2×100원＝200원]
- 제2구간 ➡ [한계비용＝1×150원＝150원] ≠ [한계수익＝2×100원＝200원]
- 제3구간 ➡ [한계비용＝1×150원＝150원] ≠ [한계수익＝3×100원＝300원]
- 제4구간 ➡ [한계비용＝1×150원＝150원] ＝ [한계수익＝1.5×100원＝150원]
- 제5구간 ➡ [한계비용＝1×150원＝150원] ≠ [한계수익＝0.5×100원＝50원]

⑤ 이 기업의 이윤극대화 구간은 한계비용과 한계수익이 같아지는 제4구간이며, 이 구간에서 기업은 더 이상 채용을 늘리지 않을 것이다.

02 다음의 물음에 답하시오(계산식도 함께 작성하시오.)

★★★

종업원수	0	1	2	3	4
케이크 생산량	0	10	18	23	27

(단, 케이크 가격은 10,000원)

1. 종업원 수가 2명인 경우 노동의 한계생산은?
2. 종업원 수가 3명인 경우 노동의 한계수입생산은?
3. 종업원 1인당 임금이 80,000원일 때 이윤극대화가 이루어지는 제과점의 종업원 수와 케이크 생산량은?

☞ 모범답안

(1) 종업원 수가 2명인 경우 노동의 한계생산은?

① 노동의 한계생산량(MP$_L$) = $\dfrac{\text{총 생산량의 증가분}}{\text{노동투입량의 증가분}}$

② 종업원 수가 2명인 경우 노동의 한계생산 = $\dfrac{18-10}{2-1}$

③ 2명인 경우 노동의 한계생산 = 8개

(2) 종업원 수가 3명인 경우 노동의 한계수입생산은?

① 노동의 한계수입생산물(MRPL) = 노동의 한계생산량(MPL)×한계수익(MR)

② 완전경쟁시장의 경우 한계수익(MR)이 생산물가격(P)과 같다.

③ 종업원 수가 3명인 경우 노동의 노동의 한계수입생산물(MRPL) = $\dfrac{13-18}{3-2}$ × 10,000원

④ 노동의 한계수입생산물은 50,000원이다.

(3) 종업원 1인당 임금이 80,000원일 때 이윤극대화가 이루어지는 제과점의 종업원 수와 케이크 생산량은?

① 기업의 목적은 이윤 추구이고 기업이 최대로 이윤을 추구하는 것은 한계비용과 한계수익이 같게 될 때이다.

② 한계수익=생산물의 시장가격=한계생산량×생산물단가(P)

③ 한계비용=한계노동투입량×단위가격(임금)

④ 케이크 가게의 구간별 한계비용과 한계수익
- 제1구간 ⇨ [한계비용=80,000×1=80,000] ≠ [한계수익=10,000×10=100,000]
- 제2구간 ⇨ [한계비용=80,000×1=80,000] = [한계수익=10,000×8=80,00]

⑤ 케이크 가게의 이윤극대화 구간은 한계비용과 한계수익이 같아지는 제2구간이며, 이때의 종업원 수는 2명이고, 케이크 생산량은 18개이다.

3 노동수요의 탄력성

이론 스토리

노동수요의 탄력성은 임금이 변화할 때 얼마나 많은 근로자가 감원 될 것이냐를 나타내는 개념이다. 탄력성은 고무줄을 생각하면 이해하기가 편한데, 예를 들어 같은 힘으로 고무줄을 당겼을 때 많이 늘어나면 우리는 탄력적이라고 이야기하며, 그렇지 못한 경우에는 비탄력적이라고 한다. 이와 마찬가지로 임금이 똑같이 변했을 때 어떤 노동시장은 많은 인원이 감축되는 반면, 어떤 노동시장은 적은 인원만 감축이 되기도 한다. 임금의 변화가 많은 채용 변화를 가져왔다고 하는 경우, 우리는 그 노동시장을 탄력적이라고 이야기 한다. 반면, 임금의 변화가 채용의 변화를 거의 가져오지 못한다면 우리는 그 노동시장을 비탄력적이라고 이야기한다.

이때, 노동수요의 탄력성에 영향을 미치는 결정적인 요인이 4가지가 있다.

① 최종 생산물에 대한 수요의 탄력성
② 다른 생산 요소와의 대체 가능성
③ 다른 생산 요소의 공급 탄력성
④ 총 비용 중 노동 비용이 차지하는 비중

노동조합에게 노동수요의 탄력성은 중요한 개념인데, 그 이유는 임금을 인상시켰을 때 적은 인원이 해고될수록 교섭에 유리한 위치를 차지할 수 있기 때문이다.

이때, 해고 인원을 최소화하기 위해서는 노동조합의 힘을 강력하게 증대시킬 필요가 있는데, 노동력의 힘을 키우는 대표적인 숍 제도는 기업이 채용을 할 때에는 오픈숍을 선택하지만 일단 채용이 되면 일정 기간 이내에 노동 조합에 가입을 해야 하는 유니언 숍과 사용자가 노조 가입자만을 채용할 수 있도록 만든 클로즈드 숍이 될 수 있다.

요약 · 정리

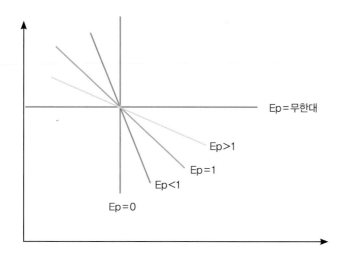

① 노동수요의 탄력성 = $\dfrac{\text{노동수요량의 변화율(\%)}}{\text{임금의 변화율(\%)}}$

② 노동공급의 탄력성 = $\dfrac{\text{노동수요량의 변화율(\%)}}{\text{임금의 변화율(\%)}}$

■ 노동수요 탄력성의 결정 요인

① 최종 생산물에 대한 수요의 탄력성

② 다른 생산 요소와의 대체 가능성

③ 다른 생산 요소의 공급탄력성

④ 총 비용 중 노동 비용이 차지하는 비중

■ 노동조합과 노동수요의 탄력성

① 노동조합이 교섭력을 통해 임금을 상승시킬 때, E>1 경우에는 많은 인원이 해고될 것이다.

② 그러하기에 노동조합은 노동수요의 탄력성을 비탄력적으로 만들어야 한다.

③ 이렇게 노동조합은 클로즈드 숍과 유니언 숍을 활용하여 노동조합의 힘을 증대시켜 사용자와
의 교섭력을 증대시키고, 노동수요를 비탄력적으로 만듦으로써 효과적인 교섭을 할 수 있다.

| 기출문제 |

01 노동수요의 탄력성 및 노동공급의 탄력성을 산출하는 공식을 각각 쓰시오.

★★★ [140105, 070111]

☞ **모범답안**

① 노동수요의 탄력성 = $\dfrac{\text{노동수요량의 변화율(\%)}}{\text{임금의 변화율(\%)}}$

② 노동공급의 탄력성 = $\dfrac{\text{노동공급량의 변화율(\%)}}{\text{임금의 변화율(\%)}}$

02 노동수요가 Lp=5,000−2W(단, L은 근로자 수, W는 시간당 임금)이다. 시간당 임금(W)이 2,000원일 때 노동수요의 임금탄력성의 절대값과 근로자의 수입에 대해 쓰시오(단 계산 과정을 함께 제시하시오).

★★★ [140213]

☞ **모범답안**

(1) 노동수요의 탄력성의 절대값

① 노동수요의 탄력성 = $\dfrac{\text{노동수요량의 변화율(\%)}}{\text{임금의 변화율(\%)}}$

② 시간당 임금이 2,000원일 때 1h(W=2,000) 노동수요 Lp=5,000−2×2,000=1,000

③ 시간당 임금이 2,000원일 때 2h(W=4,000) 노동수요 Lp=5,000−2×4,000=−3,000

④ 임금의 변화율 = $\dfrac{4,000-2,000}{2,000} \times 100 = 100(\%)$

⑤ 노동수요량의 변화율 = $\dfrac{-3,000-1,000}{1,000} \times 100 = -400(\%)$

⑥ 노동수요의 탄력성 = $\dfrac{400(\%)}{100(\%)} = 4$

(2) 근로자의 총 임금 수입

① 시간당 임금이 2,000원일 때, 노동자수 Lp = 5,000−(2 × 2,000) = 1000명이다.

② 그렇다면 근로자의 총 임금 수입 = 1,000명 × 2,000원 = 200만 원

③ 근로자의 총 임금 수입은 200만 원이다.

03 시간당 임금이 500원일 때 1,000명을 고용하던 기업에서 시간당 임금이 400원으로 감소하였을 때 1,100명을 고용할 경우, 이 기업의 노동수요 탄력성을 계산하시오(단, 소수점 발생시 반올림하여 소수 첫째 자리로 표현).
★★★ [120203, 070301]

☞ 모범답안

① 노동수요의 탄력성 $= \dfrac{\text{노동수요량의 변화율(\%)}}{\text{임금의 변화율(\%)}}$

② 임금의 변화율 $= \dfrac{500-400}{500} \times 100 = 20(\%)$

③ 노동수요량의 변화율 $= \dfrac{1,000-1,100}{1,000} \times 100 = -10(\%)$

④ 노동수요의 탄력성 $= \dfrac{10(\%)}{20(\%)} = 0.5$

04 노동조합의 존재와 교섭력 증대전략과 관련하여 노동수요의 탄력성을 설명하시오.
★★★ [100215]

☞ 모범답안
① 노동조합이 교섭력을 통해 임금을 상승시킬 때, E)1 경우에는 많은 인원이 해고될 것이다.
② 그러기에 노동조합은 노동수요의 탄력성을 비탄력적으로 만들어야 한다.
③ 이렇게 노동조합은 클로즈드 숍과 유니언 숍을 활용하여 노동조합의 힘을 증대시켜 사용자와의 교섭력을 증대시키고, 노동수요를 비탄력적으로 만듦으로써 효과적인 교섭을 할 수 있다.

05 노동수요의 탄력성 결정 요인을 4가지 쓰시오.
★★★ [130218, 090306, 090116, 060101, 050101]

☞ 모범답안
① 최종 생산물에 대한 수요의 탄력성
② 다른 생산 요소와의 대체 가능성
③ 다른 생산 요소의 공급 탄력성
④ 총 비용 중 노동 비용이 차지하는 비중

4 인적자본이론

이론 스토리

개인이 정규교육이나 건강, 현장훈련, 정보, 이주 등에 투자를 하여 저량(stock)의 개념으로 축적이 된 것을 인적자본이라고 한다. 이러한 인적자본이 노동과 결합되게 되면 생산성이 향상된다는 이론을 우리는 인적자본론이라고 한다. 이때 개인의 인적자본의 투자 범위 중 구체적인 3가지 내용에 대해서 알아보도록 하겠다.

　① 정규교육 : 정규학교에서 이루어지는 기본 교육
　② 현장훈련 : 사업장에서 작업 등을 통해 획득하는 기술
　③ 건강 : 운동 등을 통해 길러지는 체력

인적자본론에서는 개인의 투자 범위가 생산성에 영향을 미친다고 보고 있다. 그러나 실제 현장에서 인적자본의 차이가 생산성의 차이로 나타나지 않는 일이 빈번해지자, 또 다른 학자들은 '교육'이라는 인적자본 투자라는 것은 기업이 선별 비용을 줄이기 위해 유능한 사람을 선별하기 위한 도구일 뿐이라는 것을 강조하는 선별가설이라는 이론을 만들어내게 된다. 선별가설이 힘을 받기 위해서는 정부의 교육투자가 무엇보다도 중요하다. 정부는 다음과 같은 다양한 방법으로 선별가설이 힘을 받을 수 있도록 하는 정책을 실시하고 있다.

　① 학력보다는 실력을 강조하는 사회적 분위기 조성
　② 산업에서 필요로 하는 학과의 개설
　③ 교육적 불평등을 해소할 수 있도록 노력

요약 · 정리

■ 인적자본론

(1) 인적자본론의 의미

개인이 정규교육, 건강, 현장훈련, 정보, 이주를 통해 투자를 하여 일정 시점(stock)에 축적된 자본을 인적자본이라 하며, 이러한 인적자본이 노동력과 결합되었을 때 생산성이 향상된다는 이론

(2) 인적자본 투자 범위

① 정규교육 : 정규학교에서 이루어지는 기본 교육

② 현장훈련 : 사업장에서 작업 등을 통해 획득하는 기술

③ 건강 : 운동 등을 통해 길러지는 체력

■ 선별가설

(1) 의미

교육은 기업이 선별 비용을 줄이기 위해 유능한 사람을 선별하기 위한 도구로만 작용한다는 이론

(2) 정부의 교육투자 방향

① 학력보다는 실력을 강조하는 사회 분위기 조성

② 산업에서 필요로 하는 학과의 개설

③ 교육적 불평등을 해소할 수 있도록 노력

| 기출문제 |

01 노동시장의 분석이론 중 내부노동시장이론, 이중노동시장이론, 인적자본이론의 의미를 간략히 설명하시오.
★★ [110102, 090114]

☞ 모범답안
① 내부노동시장이론 : 기업의 승진이나 배치가 기업 내부의 규칙에 의해서 결정된다는 시장 이론
② 이중노동시장이론 : 노동시장이 1차와 2차로 구분되며, 각 노동시장은 단절되어 있다는 이론
③ 인적자본이론 : 개인이 축적한 인적자본이 노동력과 결합이 되었을 때 생산성이 향상된다는 이론

02 인적자본에 대한 투자의 대상을 3가지만 쓰고, 각각 설명하시오.
★ [120216]

☞ 모범답안
① 정규교육 : 정규학교에서 이루어지는 기본교육
② 현장훈련 : 사업장에서 작업 등을 통해 획득하는 기술
③ 건강 : 운동 등을 통해 길러지는 체력

03 선별가설의 의미와 정부의 교육투자 방향은 어떻게 나아가야 할지에 대해 쓰시오.
★ [100409]

☞ 모범답안
(1) 의미 : 교육은 '유능한 사람을 선별하는 도구일 뿐이다.'라는 것을 강조한 이론

(2) 정부의 교육투자 방향
　　① 학력보다는 실력을 강조하는 사회적 분위기 조성
　　② 산업에서 필요로 하는 학과의 개설
　　③ 교육적 불평등을 해소할 수 있도록 노력

5 노동시장

이론 스토리

완전경쟁시장에서 노동시장은 일원화된 구조를 가진다는 주장이 지배적이었다. 즉, 모든 노동은 동질적이며 정보가 완전히 공유되고, 노동자나 고용주는 시장 임금에 아무런 영향력을 행사할 수 없기 때문에 필요한 노동을 외부 시장을 통해 언제든지 조달할 수 있었던 것이다. 그에 반해 나온 이론이 이중 노동시장론이다. 이중 노동시장론은 노동시장이 하나의 연속적이고 경쟁적인 시장이 아니며, 상이한 속성을 지닌 근로자가 분단된 상태에서 상호 간의 이동과 교류가 단절돼 있고 임금과 근로 조건도 서로 상이하다고 주장한다. 이러한 이중 노동시장은 선발, 승진 등의 노동시장의 기능이 기업 내부로 옮겨지면서 내부 노동시장을 만들어내며 이루어진다. 즉, 내부 노동시장과 1차 노동시장을 형성하게 되고 2차 노동시장과의 격차를 만들어 내게 되는 것이다.

이 때, 이론가들은 내부 노동시장의 요인을 크게 3가지로 설명하게 된다.

① 현장훈련 : 실제 현장에서 이루어지는 노하우와 지식은 직접 전수되기 때문에 내부 노동시장의 형성 및 발전을 촉진시킨다.
② 숙련의 특수성 : 기업 내의 내부 노동력만이 유일하게 소유하는 숙련의 특수성이 내부 노동시장의 형성을 촉진시킨다.
③ 관습 : 관례나 관행에 의거한 관습은 내부 노동시장의 형성을 촉진시킨다.

이렇게 형성된 내부 노동시장은 외부 노동시장에 비해서 결속력을 가지고 높은 생산성을 보유하게 된다. 단가 경쟁에서 우위를 점한 내부 노동시장이 제품 시장을 장악하게 되면서 높은 지불 능력까지 보유하게 되며, 이러한 지불 능력으로 인하여 내부 노동시장과 외부 노동시장 간의 임금 및 복리후생 간의 차이가 나게 된다.

내부 노동시장은 기업의 입장에서는 많은 장점을 가져다준다.

① 우수한 인적 자원의 확보와 유지가 유리
② 승진 또는 배치 전환을 통한 동기유발
③ 생산성 향상 및 기업 경쟁력 제고

요약 · 정리

■ 노동시장의 개념

① 이중 노동시장 : 노동시장이 1차와 2차로 구분된 것을 말하고, 이 두 시장은 임금 및 환경 등

에서 차이를 보이며 단절된 형태를 가진다.

② 내부 노동시장이론 : 선발과 승진 등의 노동시장 기능이 기업 내부의 규칙에 의해서 결정되는 시장을 의미한다.

■ 이중 노동시장

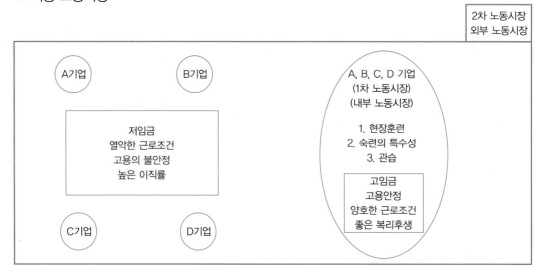

■ 내부 노동시장

(1) 형성 요인

① 현장훈련 : 실제 현장에서 이루어지는 노하우와 지식은 직접 전수되기 때문에 내부 노동시장의 형성 및 발전을 촉진시킨다.

② 숙련의 특수성 : 기업 내의 내부 노동력만이 유일하게 소유하는 숙련의 특수성이 내부 노동시장의 형성을 촉진시킨다.

③ 관습 : 관례나 관행에 의거한 관습은 내부 노동시장의 형성을 촉진시킨다.

(2) 장점

① 우수한 인적자원의 확보와 유지가 유리

② 승진 또는 배치 전환을 통한 동기 유발

③ 생산성 향상 및 기업 경쟁력 제고

| 기출문제 |

01 Doeringer & Piore의 내부 노동시장의 형성요인 3가지를 쓰고 간단히 설명하시오.

★★★ [150217, 100316, 090307, 080302]

☞ 모범답안

① 현장훈련 : 실제 현장에서 이루어지는 노하우와 지식은 직접 전수되기 때문에 내부 노동시장의 형성 및 발전을 촉진시킨다.

② 숙련의 특수성 : 기업 내의 내부 노동력만이 유일하게 소유하는 숙련의 특수성이 내부 노동시장의 형성을 촉진시킨다.

③ 관습 : 관례나 관행에 의거한 관습은 내부 노동시장의 형성을 촉진시킨다.

02 내부 노동시장의 형성 요인과 장점을 각각 3가지씩 쓰시오.

★★★

☞ 모범답안

(1) 형성 요인

　　① 현장훈련

　　② 숙련의 특수성

　　③ 관습

(2) 장점

　　① 우수한 인적 자원의 확보와 유지가 유리

　　② 승진 또는 배치 전환을 통한 동기 유발

　　③ 생산성 향상 및 기업 경쟁력 제고

II 임금의 제개념

1 최저임금제와 생산성 임금제

이론 스토리

최저임금제는 국가가 근로자의 보호를 위해 법적 강제력으로 임금의 최저한도를 정한 제도로서 다음과 같은 기대효과로 실시되었다.

① 소득 분배의 개선
② 노동력의 질적 향상
③ 유효수요의 확보
④ 경기 활성화 기여
⑤ 기업의 근대화 촉진
⑥ 공정경쟁의 확보
⑦ 산업평화의 유지

그러나 최저임금제는 강제적으로 임금을 올리다 보니, 기업의 인건비에 부담을 주게 되어 고용의 감소라는 부정적인 효과를 얻게 된다. 이뿐만 아니라 최저임금제가 부분적으로 적용이 되어 노동시장 내에서의 차별을 불러일으키게 되었다. 또한, 기업의 입장에서 최저임금은 저소득층의 인건비를 증대시키기보다는 오히려, 고소득층에게 그 비용을 지불함으로써 소득분배의 역진적 효과를 불러일으키게 되었다.

생산성임금제는 기업이 임금 결정 시 물가 상승률뿐만 아니라 노동의 평균 생산성 증가율을 고려해야 한다는 것으로서, 노동자들의 생산성에 근거하여 임금을 산출하는 임금제이다.

요약 · 정리

■ **최저임금의 기대효과와 부정적 효과**

(1) 기대효과

① 소득 분배의 개선

② 노동력의 질적 향상

③ 유효 수요의 확보

④ 경기 활성화 기여

⑤ 기업의 근대화 촉진

⑥ 공정경쟁의 확보

⑦ 산업평화의 유지

(2) 부정적 효과

① 고용 감소

② 노동시장 내에서의 차별

③ 소득분배의 역진적 효과

■ **생산성임금제**

W (명목임금상승률)=P (물가상승률) + AP_L (노동의 평균생산성 증가율)

| 기출문제 |

01 최저임금제의 기대효과 7가지를 쓰시오.
★★ [150210, 120215, 070118, 040308]

☞ **모범답안**
① 소득 분배의 개선
② 노동력의 질적 향상
③ 유효수요의 확보
④ 경기 활성화 기여
⑤ 기업의 근대화 촉진
⑥ 공정경쟁의 확보
⑦ 산업평화의 유지

02 최저임금제 도입으로 인해 발생할 수 있는 부정적 효과 3가지를 쓰시오.
★★ [120203]

☞ **모범답안**
① 고용감소
② 노동시장 내에서의 차별
③ 소득 분배의 역진적 효과

03 생산성 임금제에 의하면 명목임금의 상승률을 결정할 때 부가가치 노동 생산성 상승률과 일치시키는 것이 적정하다고 하였다. 어떤 기업의 2010년 근로자 수가 40명, 생산량 100개, 생산물 단가는 10원, 자본비용이 150원이었으나, 2011년에는 근로자 수는 50명, 생산량은 120개, 생산물 단가는 12원, 자본비용은 200원으로 올랐다고 가정하자. 생산성 임금제에 근거할 때 이 기업의 2011년 적정 임금상승률을 계산하시오(단, 소수점 발생 시 반올림하여 소수 첫째 자리로 표현하시오).

★★ [140308, 120114, 090108]

☞ **모범답안**

① W(생산성임금제) = P (물가상승률) + APL (노동의 평균 생산성 증가율)

② 물가가 일정하다고 가정할 때 노동의 평균생산성 증가율을 구하면 생산성임금제를 구할 수 있다.

③ 1인당 평균 생산성 = $\dfrac{\text{총 생산성}}{\text{노동 투입량}}$

④ 2010년 1인당 평균 생산성 = $\dfrac{100개 \times 10원}{40명}$ = 25(원)

⑤ 2011년 1인당 평균 생산성 = $\dfrac{120 \times 12원}{40명}$ = 28.8(원)

⑥ 2010년에서 2011년의 노동의 평균 생산성 증가율(%) = $\dfrac{28.8-25}{25} \times 100$ = 15.2(%)

⑦ 2011년 적정 임금상승률 = 15.2(%)

2 부가급여와 임금의 하방경직성

이론 스토리

부가급여란 경상화폐 이외의 방법으로 지급하는 모든 것으로서 경상화폐 임금과 부가급여의 합은 노동자의 보수가 된다. 부가급여는 첫째, 사용자가 정립하는 퇴직금, 둘째, 월차휴가, 연차휴가, 생리휴가, 산전후휴가 등 유급휴가와 정규 국경일 등 유급휴일에 대한 지급료, 셋째, 의료보험제도, 사회보장제도 및 실업보험제도하에서 사용자가 부담하는 보험료, 넷째, 회사 부담의 교육훈련비, 다섯째, 기타 항목(무료 또는 할인 식권 상품권, 직업복지권) 등 여러 가지로 나눌 수 있다.

사용자의 입장에서 보면 부가급여는 또 다른 비용이다. 그러나 사용자는 다음과 같은 이유로 부가급여를 선호한다.

① 유능한 근로자의 유지와 신규 확충
② 부가급여는 동기부여를 시켜 생산성을 향상시킴
③ 세금 감면의 효과

근로자의 입장에서도 부가급여 형태의 보상은 많은 이점을 가져다 주는데, 근로자가 부가급여를 선호하는 이유는 다음과 같다.

① 갑근세의 감소 효과
② 대량 할인 혜택
③ 연금 또는 퇴직금의 세율 감소 효과

임금의 하방경직성은 한 번 오른 임금은 경제 여건의 변화에도 떨어지지 않은 채 그 수준을 유지하려는 성질을 이야기한다. 보통 우리는 임금이 오르는 것에는 관대하면서도 임금이 깎이는 것은 용납하려 않지 않는데 이러한 성질이 바로 임금의 하방경직성이다.

임금의 하방경직성이 발생하는 이유는 다음과 같다.

① 화폐 환상 : 보통 근로자들은 명목임금으로 반응하지만, 경영자들은 물가상승률을 고려한 실질임금에 반응하는 경우가 많다. 이때 명목임금과 실질임금의 차이로 인하여(즉, 화폐환상) 근로자들은 임금을 낮추려 하지 않는 하방경직성이 일어나게 된다.
② 노동자의 역선택 발생 가능성 : 갑과 을의 관계에서 사업주가 노동자들을 선택하는 경우가 많다. 그러나 숙련공 시장에서는 사업주가 임금을 빌미로 숙련공에게 압박을 가할 때 오히려 숙련공이 회사를 선택하게 되는 역선택 발생 가능성이 일어나게 되는데, 이로 인하여 사업주는 임금을 내리지 못하는 하방경직성을 겪게 된다.

③ 강력한 노동 조합의 존재 : 강력한 노동 조합은 임금을 내리지 못하게 하는 단결된 힘을 지니고 있다.

④ 근로계약의 관행 : 항상 몇 퍼센트씩 올라가는 근로계약의 관행에 익숙해진 근로자들은 임금이 깎이게 되는 것을 허용할 수 없게 되고 이로 인하여 하방경직성이 일어나게 된다.

⑤ 최저임금제의 시행 : 정부가 법적으로 임금을 내리지 못하게 하는 최저임금제 역시 하방경직성의 주요 요인이다.

요약 · 정리

■ 부가급여

(1) 의미 : 경상화폐 이외의 방법으로 지급하는 모든 것(식권, 통근버스, 대출, 복지시설 등)

(2) 사용자가 선호하는 이유

   ① 유능한 근로자의 유지와 신규 확충

   ② 부가급여는 동기부여를 시켜 생산성을 향상시킴

   ③ 세금 감면의 효과

   ④ 정부의 임금 규제 강화 시 이를 회피하는 수단으로 사용

(3) 근로자가 선호하는 이유

   ① 갑근세의 감소 효과

   ② 대량 할인 혜택

   ③ 연금 또는 퇴직금의 세율 감소 효과

■ 임금의 하방경직성

(1) 의미 : 한 번 오른 임금은 경제 여건의 변화에도 떨어지지 않은 채 그 수준을 유지하려하는
    성질

(2) 하방경직성의 발생 이유

   ① 화폐 환상

   ② 노동자의 역선택 발생 가능성

   ③ 강력한 노동 조합의 존재

   ④ 근로계약의 관행

   ⑤ 최저임금제의 시행

   ⑥ 대기업의 효율임금 가설

| 기출문제 |

01 부가급여의 의미를 설명하고 사용자가 부가급여를 선호하는 이유를 4가지 쓰시오.

★★★ [150305, 140101, 110115, 100102, 040304]

☞ **모범답안**

(1) 의미 : 경상화폐 이외의 방법으로 지급하는 모든 것

(2) 사용자가 선호하는 이유

　① 유능한 근로자의 유지와 신규 확충

　② 부가급여는 동기부여를 시켜 생산성을 향상시킴

　③ 세금 감면의 효과

　④ 정부의 임금규제 강화 시 이를 회피하는 수단으로 사용

02 부가급여의 의미를 설명하고 사용자와 근로자가 선호하는 이유를 2가지 쓰시오.

★★★

☞ **모범답안**

(1) 의미 : 경상화폐 이외의 방법으로 지급하는 모든 것

(2) 사용자가 선호하는 이유

　① 유능한 근로자의 유지와 신규 확충

　② 부가급여는 동기부여를 시켜 생산성을 향상시킴

(3) 근로자가 선호하는 이유

　① 갑근세의 감소효과

　② 대량할인 혜택

03 임금의 하방경직성에 대해 설명하고, 임금의 하방경직성이 되는 이유 5가지를 쓰시오.

★★★ [120313, 110307, 100206, 090113, 040105]

☞ **모범답안**

(1) 의미 : 한 번 오른 임금이 경제 여건의 변화에도 떨어지지 않은 채 그 수준을 유지하려하는 성질

(2) 하방경직성의 발생이유

　① 화폐 환상

　② 노동자의 역선택 발생 가능성

　③ 강력한 노동 조합의 존재

　④ 근로계약의 관행

　⑤ 최저임금제의 시행

3 임금 격차

이론 스토리

임금 격차는 기본적으로 경쟁적 요인과 비경쟁적 요인으로 인하여 나타나게 된다. 경쟁적 요인은 노동시장 간 경쟁으로 인하여 임금의 격차가 발생되는 것으로 크게 5가지가 있다.

① 기업 특수적 인적 자본량

② 근로자의 생산성 격차 : 특정 개인이 고용되어 있는 기업에서만 필요한 유용한 기술이나 지식을 습득한 기업 특수적 인적 자본이 형성되면 인적 자본량을 보유한 기업과 보유하지 못한 기업의 생산성이 크게 차이가 난다. 기업 특수적 인적 자본을 가진 기업은 높은 생산성으로 인하여 높은 지불 능력을 갖추게 한다. 이로 인하여 기업 특수적 인적 자본을 많이 가진 기업과 그렇지 못한 기업의 임금 격차를 만들어 내게 된다.

③ 효율임금가설 : 기업들은 양질의 노동자를 입직시키고 유지시켜 숙련공으로 만듦으로써 생산성의 향상을 꾀하려고 한다. 이때, 근로자들을 붙잡을 수 있는 가장 좋은 것은 임금인데, 효율임금가설은 근로자들의 이탈을 막기 위하여 시장임금보다 더 높은 임금을 지급하는 것을 의미한다. 지불능력이 높은 기업들은 대부분 효율임금가설을 바탕으로 양질의 근로자를 유지, 확보하고자 하며 이로 인하여 임금 격차가 발생하게 된다.

④ 시장의 단기적 불균형 : 노동시장의 수요와 공급의 단기적 불균형은 노동시장 간의 임금 격차를 발생시키게 되는데, 노동의 수요가 공급보다 높은 경우 일반적으로 임금이 올라가지만, 재빠른 대응이 가능하기 때문에 이러한 임금 격차는 오래가지 못하는 경향이 있다.

⑤ 보상적 임금 격차 : 보상적 임금 격차는 노동 조건, 작업환경 등 직업상의 불이익을 보상해 지는 균등화 임금 격차를 의미한다. 이때, 보상적 임금 격차를 발생시키는 요인은 크게 5가지가 있다.

- 고용의 안정성 여부 : 고용이 불안정할수록 그에 상응하는 임금을 줌으로써 균등화시킨다.
- 작업의 쾌적함 정도 : 작업환경이 불쾌하거나 위험할수록 그에 상응하는 임금을 줌으로써 균등화 시킨다.
- 교육훈련비용 : 교육훈련비용이 많이 들어갈수록 그에 상응하는 임금을 줌으로써 균등화 시킨다.
- 책임의 정도 : 책임의 정도가 클수록 받을 수 있는 심리적 압박이 커지므로 그에 상응하는 임금을 줌으로써 균등화시킨다.
- 성공과 실패의 가능성 : 실패의 가능성이 높은 직업일수록 노력의 정도가 커지기 때문에 그에 상응하는 임금을 줌으로써 균등화시킨다.

이외에 비경쟁적인 요인이 있는데 이는 다음과 같다.

① 독점지대의 배당
② 노동 조합의 효과
③ 비효율적 연공급 제도

요약 · 정리

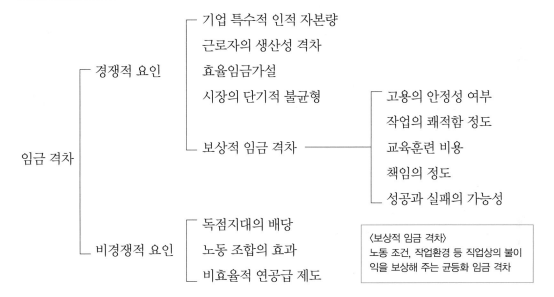

■ 선진국과 후진국의 임금 격차

① 탁월한 생산성 제고 능력
② 기술 및 지식의 격차
③ 소비물가 가격의 차이

| 기출문제 |

01 동일한 근로 시간에 대하여 탄광 근로자는 월 200만 원을 지급받고, 봉제공은 월 100만 원을 지급받는다고 할 때, 이들 두 직종의 근로자 간에 임금 격차가 발생하는 원인을 설명하는 것으로 보상적 임금 격차가 있다. 보상적 임금 격차의 개념과 보상적 임금 격차가 발생하는 요인을 적용하여 이를 설명하시오.

★★★ [160107, 140309, 130303, 110105, 100405, 050107, 020109]

☞ 모범답안

(1) 의미 : 노동 조건, 작업환경 등 직업상의 불이익을 보상해지는 균등화 임금 격차를 의미한다.

(2) 보상적 임금 격차가 발생하는 요인 : 탄광근로자는 봉제공에 비하여, 열악한 작업환경에서 일을 하고, 일을 하다가 부상을 당할 가능성이 크므로 이러한 불이익을 보상하는 임금을 지급함으로써 임금 격차가 발생한다.

02 보상적 임금 격차가 발생하는 원인 3가지를 쓰고 설명하시오.
★★★

☞ 모범답안

① 고용의 안정성 여부 : 고용이 불안정할수록 그에 상응하는 임금을 줌으로써 균등화시킨다.

② 작업의 쾌적함 정도 : 작업환경이 불쾌하거나 위험할수록 그에 상응하는 임금을 줌으로써 균등화시킨다.

③ 교육훈련 비용 : 교육훈련 비용이 많이 들어갈수록 그에 상응하는 임금을 줌으로써 균등화시킨다.

03 보상적 임금 격차의 의미와 그 발생 원인을 쓰시오.
★★★

☞ 모범답안

(1) 의미 : 노동 조건, 작업환경 등 직업상의 불이익을 보상해지는 균등화 임금 격차를 의미한다.

(2) 발생 원인

　① 고용의 안정성 여부

　② 작업의 쾌적함 정도

　③ 교육훈련 비용

　④ 책임의 정도

　⑤ 성공과 실패의 가능성

04 노동수요 특성별 임금 격차를 발생하게 하는 경쟁적 요인 5가지를 쓰시오.

★ [090214]

☞ 모범답안

① 기업 특수적 인적 자본량

② 근로자의 생산성 격차

③ 효율임금가설

④ 노동 시장의 단기적 불균형

⑤ 보상적 임금 격차

05 산업별로 임금 격차가 발생하는 원인을 3가지 쓰시오.

★ [130108]

☞ 모범답안

① 산업 간 비효율적 연공급 제도

② 노동조합의 존재 여부

③ 독점지대의 배당

06 일반적으로 선진국의 임금 수준은 후진국보다 높다. 이러한 현상을 초래하는 이유 3가지를 쓰시오.

★ [120218]

☞ 모범답안

① 탁월한 생산성 제고능력

② 기술 및 지식의 격차

③ 소비물가 가격의 차이

III 실업의 제개념

1 실업의 종류

이론 스토리

실업은 어떠한 방식으로 발생하느냐에 따라 크게 4가지로 구분 지을 수 있다.

① 마찰적 실업 : 흔히 정보의 부족으로 인하여 나타나는 실업을 마찰적 실업이라고 한다. 마찰적 실업은 다음과 같이 정보를 원활하게 함으로써 해결할 수 있다. 마찰적 실업은 근로자의 자발적 선택에 의해 나타나는 실업으로서 자발적 실업이라고 불리며 해결방법은 다음과 같다.
- 워크넷 시스템의 강화
- 직업알선기관의 활성화
- 구직자 세일즈 등

② 구조적 실업 : 산업구조의 변화로 산업이 요구하는 기술이 부족하여 발생되는 실업이다. 구조적 실업은 일단 발생이 되면 대응이 쉽지 않기 때문에 미리 예측을 통해 예방하고 있다.
- 산업구조 변화 예측에 따른 인력 수급 정책
- 전직과 관련된 재훈련
- 지역 이주 보조금

③ 계절적 실업 : 계절의 변화로 인하여 나타나는 실업이다. 계절적 실업은 농업, 관광산업 등 기후나 계절의 변화에 따라 노동 수요의 변화가 심한 부문에서 주로 발생이 되며, 일시적인 실업이기 때문에 다음과 같은 방법으로 해결할 수 있다.
- 휴경지 경작
- 유휴 노동력 활용

④ 경기적 실업 : 총 수요의 부족으로 인하여 나타나는 실업이다. 경기적 실업은 불경기 시에 총 수요의 부족으로 인하여 나타나는 실업으로서 수요 부족 실업이라고 부르기도 한다. 불경기에 투자가 위축이 되고 소비가 감소하면서 총 수요가 부족해짐으로써 실업이 발생하기 때문에 경기적 실업은 경기부양책이나 일자리 확충 등으로 문제를 해결하고자 한다.
- 재정 금융 정책
- 고용 창출 사업의 확대

필립스라는 학자는 경기적 실업과 물가상승률 간의 관계를 하나의 그래프를 통해 나타냈는데, 이를 필립스 곡선이라고 한다. 필립스 곡선은 물가가 오르면 실업률은 안정을 찾으며, 물가가 낮아지면 실업률이 올라간다는 것을 그래프로 나타낸 것이다.

이때, 물가가 변하지 않아도 실업률이 올라가는 경우가 있는데, 이는 크게 3가지의 요인에 의해서 나타난다.

① 예상 인플레이션율이 상승하는 경우
② 자연 실업률이 증가하는 경우
③ 석유 및 원자재 파동으로 인한 공급 충격

이외에도 표면적으로는 취업 상태에 있지만 실질적으로는 실업 상태와 마찬가지인 잠재적 실업자가 있다. 국가는 잠재적 실업자의 취업을 위해서 경기부양책을 쓰기도 하는데, 이는 근본적인 해결책이 아니기 때문에 많은 문제점을 가지고 오기도 한다.

① 경기부양책을 쓸 경우 문제점
  • 지나친 인플레이션이 유발되어 국민경제에 바람직하지 못한 영향을 끼치게 된다.
  • 정부 재정이 악화될 우려가 있다.
② 해결책
  • 직무 향상 및 직무 전환 교육을 실시한다.
  • 구직활동 경쟁력 강화를 위한 취업지원 서비스를 제공한다.

요약 · 정리

```
                          정보의 부족으로 인하여 생기는 실업 ➡ 정보 제공으로 해결
        자발적 실업 ─── 마찰적 실업   ① 구직자 세일즈
                          ② 직업알선기관의 활성화

                          새로운 산업이 요구하는 기술의 부족으로 인하여 발생
              구조적 실업   ① 전직과 관련된 재훈련
                          ② 산업구조 변화 예측에 따른 인력 수급 정책

                          계절의 변화로 인하여 나타나는 실업
              계절적 실업   ① 유휴 노동력 활용
                          ② 휴경지 경작

                          수요의 부족으로 인하여 발생하는 실업
              경기적 실업   ① 재정 금융 정책
                          ② 고용 창출 사업의 확대
실업
```

※ 필립스 곡선

① 의미 : 물가와 실업률은 반비례 관계로, 물가가 오르면 실업률이 낮아지고, 물가가 낮아지면 실업률이 올라간다는 이론
② 필립스 곡선이 오른쪽으로 이동하는 요인
 • 예상 인플레이션율이 상승하는 경우
 • 자연 실업률이 증가하는 경우
 • 석유 및 원자재 파동으로 인한 공급 충격

```
        기타 실업 ─── 잠재적 실업
```

통계상으로는 취업자로 잡히지만 실업 상태에 있는 노동자
① 경기부양책을 쓸 경우 문제점
 • 지나친 인플레이션이 유발되어 국민경제에 바람직하지 못한 영향을 끼치게 된다.
 • 정부 재정이 악화될 우려가 있다.
② 해결책
 • 직무 향상 및 직무 전환 교육을 실시한다.
 • 구직활동 경쟁력 강화를 위한 취업지원 서비스를 제공한다.

| 기출문제 |

01 마찰적 실업, 구조적 실업, 경기적 실업에 대하여 각각 설명하시오.

★★★ [150216, 130316, 130113, 120217, 090308, 070314, 010308]

☞ **모범답안**

① 마찰적 실업 : 흔히 정보의 부족으로 인하여 나타나는 실업을 마찰적 실업이라고 하며, 워크넷 시스템의 강화와 구직자세일즈 등으로 해소할 수 있다.

② 구조적 실업 : 산업구조의 변화로 산업이 요구하는 기술이 부족하여 발생되는 실업으로, 산업구조 변화에 따른 인력 수급의 예측 및 전직과 관련된 재훈련을 통해 예방할 수 있다.

③ 경기적 실업 : 총 수요의 부족으로 인하여 나타나는 실업으로 재정 금융 정책과 고용 창출 사업의 확대를 통해 해소할 수 있다.

02 실업의 유형 중 마찰적 실업과 구조적 실업의 원인과 대책을 쓰시오.

★★★

☞ **모범답안**

(1) 마찰적 실업

• 원인 : 흔히 정보의 부족으로 인하여 나타나는 실업을 마찰적 실업이라고 한다.

• 대책

　① 워크넷 시스템의 강화

　② 직업알선기관의 활성화

　③ 구직자 세일즈 등

(2) 구조적 실업

• 원인 : 산업구조의 변화로 산업이 요구하는 기술이 부족하여 발생되는 실업이다.

• 대책

　① 산업구조 변화 예측에 따른 인력 수급 정책

　② 전직과 관련된 재훈련

　③ 지역 이주 보조금

03 실업자에 대한 정의를 쓰고, 마찰적 실업과 구조적 실업의 공통점 및 차이점을 설명하시오.
★★★

☞ 모범답안

(1) 실업자 : 만 15세 이상 인구 중 조사 대상 기간 중에 일할 의사와 능력을 가지고 있으면서도 취업 상태에 있지 못한 자

(2) 마찰적 실업과 구조적 실업의 공통점
   ① 비수요 부족 실업이다.
   ② 사전 예보와 통보를 통해 실업을 감소시킬 수 있다.

(3) 마찰적 실업과 구조적 실업의 차이점
   ① 마찰적 실업은 직업정보의 부족으로 인하여 발생되는 반면, 구조적 실업은 산업구조의 변화로 산업이 요구하는 기술이 부족하여 발생이 되는 실업이다.
   ② 마찰적 실업이 자발적 실업이라면, 구조적 실업은 비자발적 실업이다.

04 비수요 부족 실업의 대표적인 실업 3가지를 쓰고 각각 설명하시오.
★★★

☞ 모범답안

① 마찰적 실업 : 흔히 정보의 부족으로 인하여 나타나는 실업을 마찰적 실업이라고 하며, 워크넷 시스템의 강화와 구직자세일즈 등으로 해소할 수 있다.
② 구조적 실업 : 산업구조의 변화로 산업이 요구하는 기술이 부족하여 발생되는 실업으로, 산업구조 변화에 따른 인력 수급의 예측 및 전직과 관련된 재훈련을 통해 예방할 수 있다.
③ 계절적 실업 : 계절의 변화로 인하여 나타나는 실업으로 유휴 경작지의 활용과 유휴 노동력의 활용으로 해소할 수 있다.

05 필립스 곡선은 실업률과 인플레이션 간 역의 상충관계를 나타내는 곡선이다. 이 필립스 곡선이 오른쪽으로 이동하는 요인 3가지를 쓰시오.
★ [120304]

☞ 모범답안

① 예상 인플레이션율이 상승하는 경우
② 자연 실업률이 증가하는 경우
③ 원자재 등의 공급 충격이 발생하는 경우

06 구직활동을 하고 싶어도 취업이 어려워서 발생된 잠재적 실업자를 정부에서 모두 취업시키기 위해 경기부양책을 쓸 경우 발생하는 문제점과 해결책을 쓰시오.

★ [030110]

☞ 모범답안

(1) 경기부양책을 쓸 경우 문제점

① 지나친 인플레이션이 유발되어 국민경제에 바람직하지 못한 영향을 끼치게 된다.

② 정부 재정이 악화될 우려가 있다.

(2) 해결책

① 직무향상 및 직무전환 교육을 실시한다.

② 구직활동 경쟁력 강화를 위한 취업지원 서비스를 제공한다.

2 기타 실업

이론 스토리

일반적으로 경기가 좋을 때에는 많은 실업자들이 얼마 지나지 않아 다시 회사에 입직을 할 기회가 많아지게 된다. 그러나 불경기가 지속이 될 때, 일할 능력과 의사가 있었던 실업자들은 계속되는 취업 실패로 인하여 일할 의사를 잃게 된다. 이렇게 취업에 실패한 노동자들이 구직활동을 단념함으로써 경제활동인구에서 비경제활동인구로 이동하여 실업률을 감소시키는 효과를 실망 노동자 효과라고 한다.

실질적인 가장이 취업에 실패를 하게 되면, 그동안 일할 능력은 있었지만 의사가 없었던 비경제활동인구(주부 또는 학생 등)가 경제활동인구로 이동하여 실업률을 높이게 되는데, 이러한 효과를 부가 노동자 효과라고 한다.

전문가들은 일반적으로 경기 침체 시에 실망 노동자 효과가 부가 노동자 효과보다 크게 나타난다고 한다. 이는 전체적으로 통계상 실업률을 낮추게 되어, 시장에서 느끼는 체감 실업률은 높아지게 된다.

이외에도 체감 실업률을 높이는 또 다른 요인은 잠재적 실업자이다. 잠재적 실업자는 노동 생산성이 0에 가까운 취업자로, 실질적으로는 실업자이나 통계적 수치에 의해서 취업자가 됨으로 통계상 실업률을 낮추어 체감 실업률은 높아지게 된다.

실업의 스트레스 지수는 배우자의 죽음과 맞먹을 정도로 심각하다. 야호다(Jahoda)라는 학자는 이러한 이유로 불만족 스러운 취업 상태에 있더라도 실업 상태에 있는 것보다는 낫다는 박탈이론을 만들어 내게 된다. 야호다에 의하면 실업자가 되면, 취업자로서 누릴 수 있는 5가지의 권리를 자연적으로 박탈당하게 된다고 한다. 즉, 취업 상태에 있을 때 자연스럽게 누릴 수 있었던 것들을 실업과 동시에 박탈당하게 된다는 것이다. 다음에 5가지의 요인이 있다.

① 시간의 구조화 : 일을 하게 되면 자연스럽게 정형화된 생활을 하게 되므로 시간의 구조화가 가능하다.
② 사회적인 접촉 : 일을 하게 되면 동료, 상사, 고객 등 다양한 사람들과 만나지만 실업을 하게 되면 이러한 관계들이 단절이 될 수 있다.
③ 사회적 정체감과 지위 : 사람들은 일을 통해 자기 존중의 욕구를 실현하게 되는데, 실업을 하게 되면 이러한 욕구를 충족시키가 쉽지 않다.
④ 활동성 : 기본적으로 일을 하기 위해서는 다양한 활동을 할 수 밖에 없다. 그러나 실직을 해서 집에 있게 되면 이러한 활동성도 자연스럽게 박탈당하게 된다.
⑤ 공동의 목표 : 회사에서 일을 할 때, 공동의 목표를 가지고 업무를 진행하는 경우가 많다. 실직을 하게 되면 이러한 당연한 것도 박탈당하게 된다.

요약 · 정리

■ 실망 노동자 효과와 부가 노동자 효과

① 실망 노동자 효과 : 불황기에 취업에 실패한 노동자들이 구직활동을 단념함으로써 경제활동인구에서 비경제활동인구로 이동하여 실업률을 감소시키는 효과

② 부가 노동자 효과 : 비경제활동인구가 경제활동인구로 이동하여 실업률을 높이는 효과

■ 통계상 실업률보다 체감 실업률이 높게 나타나는 이유

① 부가 노동자와 실망 노동자 효과 : 경기 침체 시에는 실망 노동자 효과가 부가 노동자 효과보다 크게 나타나므로 통계상 실업률은 낮게 잡히지만, 실질적으로 실업률은 높으므로 체감 실업률이 크게 나타난다.

② 잠재적 실업자 : 노동 생산성이 0에 가까운 취업자로 실제적으로는 실업자이나 통계적 수치에 의해 취업자가 되므로 체감 실업률은 더 높다.

■ 야호다의 박탈이론

(1) 의의 : 불만족스러운 취업이라도, 실업 상태에 있는 것보다는 낫다는 이론

(2) 고용으로 인한 잠재 효과

① 사회적 접촉 : 다른 사람과 접촉을 함으로써 사회성을 기를 수 있다.

② 사회적 정체감과 지위 : 사회에서 인정받는 역할을 통해 정체감과 지위를 얻게 된다.

③ 활동성 : 정규적인 활동을 통해 활력을 얻을 수 있다.

④ 시간의 구조화 : 시간을 구조화하여 계획적으로 활용할 수 있다.

⑤ 공동의 목표 : 공동의 목표를 통해 자아 실현을 할 수 있다.

| 기출문제 |

01 경기 침체 시 나타나는 부가 노동자 효과와 실망 노동자 효과가 실업률에 미치는 영향을 설명하시오.
★★ [140316, 110205]

☞ 모범답안

① 실망 노동자 효과 : 불황기에 취업에 실패한 노동자들이 구직활동을 단념함으로써 경제활동인구에서 비경제활동인구로 이동하여 실업률을 감소시키는 효과
② 부가 노동자 효과 : 비경제활동인구가 경제활동인구로 이동하여 실업률을 높이는 효과

02 우리나라의 경우 통계상 실업률이 체감 실업률보다 낮게 나타나는데, 그 이유를 2가지 쓰시오.
★★ [140316, 110205]

☞ 모범답안

① 부가 노동자와 실망 노동자 효과 : 경기 침체 시에는 실망 노동자 효과가 부가 노동자 효과보다 크게 나타나므로 통계상 실업률은 낮게 잡히지만, 실질적으로 실업률은 높으므로 체감 실업률이 크게 나타난다.
② 잠재적 실업자 : 노동 생산성이 0에 가까운 취업자로, 실제적으로는 실업자이나 통계적 수치에 의해 취업자가 되므로 체감 실업률은 더 높다.

03 실업과 관련된 야호다의 박탈이론에 따르면 일반적으로 고용 상태에 있게 되면 실직 상태에 있는 것보다 여러 가지 잠재적 효과가 있다고 한다. 고용으로 인한 잠재효과 5가지를 쓰고 설명하시오.
★★ [120201, 050309, 010102]

☞ 모범답안

① 사회적 접촉 : 다른 사람과 접촉을 함으로써 사회성을 기를 수 있다.
② 사회적 정체감과 지위 : 사회에서 인정받는 역할을 통해 정체감과 지위를 얻게 된다.
③ 활동성 : 정규적인 활동을 통해 활력을 얻을 수 있다.
④ 시간의 구조화 : 시간을 구조화하여 계획적으로 활용할 수 있다.
⑤ 공동의 목표 : 공동의 목표를 통해 자아 실현을 할 수 있다.

IV 노사관계 이론

1 노사관계와 파업이론

이론 스토리

미국 노사관계론의 태두인 던롭 교수는 '노사관계란 노사관계의 당사자인 근로자와 사용자, 그리고 그들 관계에서 노사정책을 처리하는 정부를 포함한 노사정의 상호관계'로 정의하고 있다.

던롭은 노사관계가 노사관계 당사자와 그 당사자들 사이의 공통 환경인 기술, 시장 등의 상호 작용 속에서 작업장의 규칙이 산출되어지는 하나의 시스템으로 보고 있다.

노사정은 하나의 시스템으로서, 노동시장의 임금, 근무 여건 등의 규칙을 만들어 낸다. 이때, 노사의 규제를 어느 정도로 할 것인가는 다음의 3가지의 여건에 의해서 달라질 수 있다.

① 노동조직 및 경영조직과 관련된 기술적 특성
② 제품시장 및 노동시장의 경쟁 압력
③ 사회 전체의 권력 구조

사용자의 대표 집단이 전국경제인 연합회, 정부의 대표 집단이 정당이라면 노동자를 대표하는 집단은 노동조합이라고 볼 수 있다. 노동조합은 그 가입 형태에 따라 크게 4가지로 분류할 수 있다.

① 오픈 숍 : 고용관계에 있어서 고용주가 노동조합에 가입한 조합원이나 가입하지 않은 비조합원 모두를 고용할 수 있는 제도이다.
② 유니언 숍 : 기업이 노동자를 채용할 때는 노동조합에 가입하지 않은 노동자를 채용할 수 있지만, 일단 채용된 노동자는 일정 기간 내에 노동조합에 가입해야 하는 제도이다.
③ 클로즈드 숍 : 노동조합 가입이 고용 조건의 전제가 되는 제도로서, 노동조합에 가입된 노동자만을 채용하는 제도이다.
④ 에이전시 숍 : 조합원이 아니더라도 모든 종업원에게 단체교섭의 당사자인 노동조합이 조합회비를 징수하는 제도이다.

이렇게 형성된 노동조합은 근로자를 대변하여 임금 결정과, 근로자의 복지 개선을 위하여 사용자와 단체 교섭을 하게 된다. 이때, 노동조합이 교섭을 하기 위해 사용하는 대표적인 쟁의 행위가 파업이다.

힉스라는 학자는 사용자와 노동조합 간의 교섭이 어느 지점에서 이루어지는지를 연구하면서 파업모형을 만들어 내게 된다. 힉스에 의하면, '처음 노동자는 임금을 많이 올리기 원하고 사용자는 임금을 적게 올리기를 원한다. 하지만 노동자는 파업 기간이 길어질수록 돈을 받지 못하기 때문에 임금 인상률을 낮추게 된다. 사용자는 공장이 가동되지 않으면 수익이 없어지기 때문에 임금 인상률을 올리게 된다. 이때 두 지점이 만나는 지점에서 타협이 이루어지고 파업은 종료가 된다.'고 한다.

요약 · 정리

■ 노사관계의 3주체와 3여건

(1) 노사관계의 3주체

   ① 노동자

   ② 사용자

   ③ 정부기구

(2) 노사관계의 3여건

   ① 노동조직 및 경영조직과 관련된 기술적 특성

   ② 제품시장 및 노동시장의 경쟁 압력

   ③ 사회 전체의 권력 구조

■ 노동조합 숍 제도

① 오픈 숍 : 고용관계에 있어서 고용주가 노동조합에 가입한 조합원이나 가입하지 않은 비조합원 모두를 고용할 수 있는 제도이며, 노동조합 가입도 근로자가 선택할 수 있는 제도

② 유니언 숍 : 기업이 노동자를 채용할 때는 노동조합에 가입하지 않은 노동자를 채용할 수 있지만, 일단 채용된 노동자는 일정 기간 내에 노동조합에 가입하여야 하는 제도이다.

③ 클로즈드 숍 : 노동조합 가입이 고용 조건의 전제가 되는 제도로서, 노동조합에 가입된 노동자만을 채용하는 제도이다.

④ 에이전시 숍 : 조합원이 아니더라도 모든 종업원에게 단체교섭의 당사자인 노동조합이 조합회비를 징수하는 제도이다.

■ 힉스의 파업이론

처음 노동자는 임금을 많이 올리기 원하고 사용자는 임금을 적게 올리기를 원한다. 하지만 노동자는 파업 기간이 길어질수록 돈을 받지 못하기 때문에 임금 인상률을 낮추게 된다. 사용자는 공장이 가동되지 않으면 수익이 없어지기 때문에 임금 인상률을 올리게 된다. 이때 두 지점이 만나는 지점에서 타협이 이루어지고 파업은 종료가 된다.

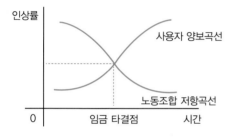

처음 노동자는 임금을 많이 올리기 원하고 사용자는 임금을 적게 올리기를 원한다. 하지만 노동자는 파업 기간이 길어질수록 돈을 받지 못하기 때문에 임금 인상률을 낮추게 된다. 사용자는 공장이 가동되지 않으면 수익이 없어지기 때문에 임금 인상률을 올리게 된다. 이때 두 지점이 만나는 지점에서 타협이 이루어지고 파업은 종료가 된다.

| 기출문제 |

01 노사관계의 3주체와 3여건을 쓰시오.

[030303]

☞ **모범답안**

(1) 3주체

　　① 노동자

　　② 사용자

　　③ 정부

(2) 3여건

　　① 노동조직 및 경영조직과 관련된 기술적 특성

　　② 제품시장 및 노동시장의 경쟁 압력

　　③ 사회 전체의 권력 구조

02 노동조합의 단결강제 형태로는 질적인 측면에서의 조합비와 양적인 측면에서의 숍 제도가 있다. 노동조합의 숍 종류를 4가지 쓰고 설명하시오.

[130202]

☞ **모범답안**

① 오픈 숍 : 고용관계에 있어서 고용주가 노동조합에 가입한 조합원이나 가입하지 않은 비조합원 모두를 고용할 수 있으며 노동조합 가입도 근로자가 선택할 수 있는 제도.

② 유니언 숍 : 기업이 노동자를 채용할 때는 노동조합에 가입하지 않은 노동자를 채용할 수 있지만, 일단 채용된 노동자는 일정 기간 내에 노동조합에 가입해야 하는 제도이다.

③ 클로즈드 숍 : 노동조합 가입이 고용조건의 전제가 되는 제도로서, 노동조합에 가입된 노동자만을 채용하는 제도이다.

④ 에이전시 숍 : 조합원이 아니더라도 모든 종업원에게 단체교섭의 당사자인 노동조합이 조합회비를 징수하는 제도이다.

03 힉스의 단체교섭이론을 그래프로 그리고 간략히 설명하시오.
[120104]

☞ **모범답안**

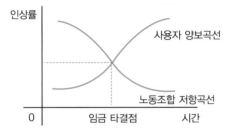

① 초반에 노동조합은 많은 임금 인상률을 요구하지만 파업 기간이 길어짐에 따라 생활고에 시달리게 되면서 임금 인상률을 낮추게 되는 저항곡선을 그리게 된다.

② 사용자는 초반에 낮은 임금 인상률을 원하지만 파업이 길어짐에 따라 수익이 없어지기 때문에 임금 인상률을 올리게 되는 양보곡선을 그리게 된다.

③ 노동조합의 저항곡선과 사용자의 양보곡선이 만나는 지점에서 타협이 이루어지며 파업은 종료된다.

 가볍게 읽고 넘어가는 문제

01 고임금경제가 존재할 경우와 존재하지 않을 경우에 있어 임금 상승이 고용에 미치는 효과가 어떻게 다른지 또 그 이유는 무엇인지 설명하시오.

[150207, 110201]

☞ 모범답안

① 고임금경제가 존재할 경우 : 개선된 임금으로 노동자의 한계생산력이 증대되어 노동수요가 비탄력적이 된다. 그러므로 임금 상승으로 인한 노동수요의 감소 효과가 작아진다.

② 고임금경제가 존재하지 않을 경우 : 고임금경제가 존재하는 시장과는 다르게 한계생산력이 낮아져 노동수요가 탄력적으로 변하고 그로 인하여 임금 인상으로 인한 노동수요 감소효과가 커진다.

02 경제적 조합주의의 특징 3가지를 쓰시오.

[130318]

☞ 모범답안

① 노사관계를 이해 조정이 가능한 비적대적 관계로 본다.

② 단체교섭을 통한 노동자의 생활조건 개선 및 유지를 목표로 한다.

③ 노동조합 운동의 정치로부터의 독립을 강조한다.

참고문헌

김봉판 외 12인(2013). 진로상담. 서울: 학지사.

김계현(1995). 상담심리학. 서울: 학지사.

김명소 외 6인(2000). 직업심리 및 상담. 서울: 학지사.

김봉환 외 10인(2010). 진로상담이론(한국 내담자에 대한 적용).
　서울: 학지사.

김영진(2003). 심리학 역사속에서의 상담이론. 서울: 교육과학사.

김영환 외 2인(2005). 심리검사의 이론과 실제. 서울: 학지사.

김완석, 김선희(2004). 커리어상담. 서울: 시그마프레스.

김충기(2001). 진로교육과진로상담. 서울 : 동문사

박경애(2005). 상담의 주요 이론과 실제. 서울: 교육아카데미.

직업상담연구소(2015). 직업상담사 2급 한권으로 끝내기. 서울: 시대고시기획.

천성문 외 5인(2006). 삼담심리학의 이론과 실제. 서울: 학지사.

천성문 외 8인(2013). 심리치료와 상담이론. 서울 : 박영사

한승호, 한성열 역(2006). 칼 로저스의 카운슬링의 이론과 실제. 서울: 학지사.

현명호 외 3인(2006). 통합적 상담. 서울: 시그마프레스.

Bordin, E. S.(1946). *Diagnosis in counseling and psychotherapy*. Educationaal and
　Psychological Measurement

Bordin, E. S.(1968). *Psychological Counseling*. New York : Appleton-Century-Crofts.

고용노동부(http://www.moel.go.kr)

워크넷(http://www.work.go.kr)

통계청(http://kostat.go.kr)

한국고용정보원(http://www.keis.or.kr)

저자 소개

신동천

직업상담 분야의 전문가로서 성격과 진로 분야에서 3,000여 명의 내담자를 대상으로 직업과 진로상담을 진행해 왔다. 하루 방문자가 1,000여 명이 넘는 블로그의 주인으로서 성격과 직업 분야에 대한 다양한 칼럼을 기재하고 있다. 7년에 걸친 실무 경력을 쌓았고 3년여의 직업상담사 자격증 강의를 진행하면서 '스토리 맵핑'이라는 독특한 암기법을 개발하였으며, 매년 75% 이상의 높은 자격 시험 합격률을 자랑하고 있다.

직업상담을 공부하는 사람들이 조금 더 쉽게 이론을 이해하고 다양한 기출문제를 접하여 직업상담사 시험 합격에 도움을 주고자 이 책을 집필하였다.

약력

현) 한국성격연구소 소장
    한국고용진흥원 진로코치
    한국심리상담지도협회

카페 : http://cafe.naver.com/career91
홈페이지 : www.modujob.com